선생님,
오늘은
안녕하신가요?

선생님,

오늘은

교사로 살아가기 힘든 요즘
두 교사의 교직생활 생존기

안녕하신가요?

신영환, 기나현 지음

MADE IN

추천사

교직에 어렵게 들어온 당신, '교직 탈출은 지능순'이라는 푸념을 그저 웃고 넘길수 없는 선생님에게 이 책을 추천합니다. 이 책을 통해 교사로서 일하면서 겪는 어려움과 고민, 그리고 이를 극복하는 방법을 두 선생님의 이야기를 통해 공감받을수 있습니다.

교사로서 일하는 것은 어려운 일입니다. 학생들의 말과 행동을 지도하며 그 지도를순하게 받아들이는 학생도 있지만 듣지 않는 학생들도 있다는 것을 인정해야 합니다. 또한 교사에게 주어지는 교육환경이 외부의 시선과는 전혀 다르다는 것을 느끼실 겁니다.

이 책에서는 교사가 초임 교사부터 1급 정교사가 되어가며 겪는 고충과 상황을 다루고 있습니다. 학생들과의 관계, 학교에서의 다양한 어려움 그렇지만 그 상황 속에서도 자신의 전문성을 높이고 학생의 성장을 도모하는 법까지 다루며 독자의 마음을 어루만지고 고개를 끄덕이게 합니다. 사회로부터 교사로서의 사명감은 요구받지만 교육하기 어려운 현시대, 교사로서 역할과 가치를 다시 한번 되새겨볼 수있는 이 책을 추천합니다. 대한민국 교사라면 한 번쯤 적적하고 우울하고 때로는번아웃이 올 때, 커피와 차를 내리고 공감 디저트로 이 책을 읽어 보세요. 강력히추천합니다.

_박준호(@nalssam), 디지털미디어교육콘텐츠 교사연구협회 '몽당분필' 대표이사장

충분한 능력이 있음에도 누군가는 죽기보다 어렵다고 하고, 누군가는 어쩌다 보니 통과했다고 하는 운명의 선택, 임용 고사! 그 시험을 통과한 선생님이라면 나름 가슴이 웅장해지고 어깨가 으쓱해질 수밖에는 없다. 나도 그랬다. 하지만 합격 통보 후 짧고도 의례적인 연수가 끝나면, 그 누구도 알려 준 적 없는 정글 같은 현실이 초보 교사를 기다리고 있다. 그 시기에 계신 모든 선생님의 가슴에 이 책을 안겨드리고 싶다. "혹시 퇴근 후 이유 없이 마음이 우울해진다면, 이 책을 한번 꺼내 보세요."라면서 말이다.

다른 직업을 갖고 있다가 30대에 교사가 된 나는, 그해 그 학교의 유일한 신규교사였다. 매일 야근하고 주말에도 일할 정도로 요령도 없고 상황 판단도 어려웠다. 자존감이 낮아지다 못해 자괴감이 들 정도로 마음이 어렵던 시절, "나도 그랬어요~"라며 나이 어린 선배가 늘 도와주곤 했다. 그 선배가 자기가 쓴 책이라며 나에게 이 책을 내밀었다. 나는 더 이상 신규가 아닌데도 선배의 책을 읽으면서 진심으로 웃고 울고 있다. 아직도 무례한 학부모를 만나고 이해하기 어려운 학생을 품어내느라 끊임없이 생채기가 나면서도, 나의 직업을 너무나도 사랑하고 있는 내 마음의 뿌리가 이 책을 통해 다시 뜨거워졌기 때문이다. '교사를 그만둘까?' 생각하는 경력직 교사들에게도 이 책을 선물하고 싶다. 아이들을 사랑해서 이 길로 들어섰던 우리들의 용기와 진심이 서로에게 전해지도록 말이다.

당신의 사랑하는 친구나 연인, 아니면 가족이 교사라면 이 책을 함께 읽으며 "너도 이랬어? 너는 괜찮아?" 하고 물어봐 주시기를 바란다. 가장 친한 친구가 하루 일과 끝에 들려줄 수 있는 진짜 교사들의 이야기가 바로 여기 있으니, 이 책이 나에게 건네는 위로처럼 당신 옆의 교사를 꼬옥 안아 주시기를.

_박민정(@pmj924), 용인 신촌중학교 교사

제 신규교사 시절이 새록새록 생각나는 책입니다. 처음 학교에 갔을 때 너무 떨려서 며칠 동안 잠이 안 왔어요. 그러다가 아이들을 만나자 어쩔 줄 몰라하던 때가 떠오르네요. 첫 담임을 맡아서 아무것도 몰랐지만 하루하루 설렘과 긴장 가득이었던 날들, 학부모님께 어떻게 전화를 해야 할지 몰라 발만 동동거렸던 날들, 수많은 수업을 하면서 허덕이다가도 잘해보겠다는 일념 하나로 야근하던 날들……. 어느새 잊고 있었던 지난 학교생활이 떠오르네요.

현직에 계신 두 선생님의 다사다난한 학교생활을 읽으면서 '아, 나만 그런 것은 아니었구나.' 하는 생각이 듭니다. "괜찮아, 처음엔 다 그럴 수 있어."라고 제 어깨를 토닥토닥 해주는 듯한 따뜻한 위로를 받았습니다. 친절한 선생님보다 따뜻하지만 단호한 선생님이 되자는 말, 학부모와 교사는 한 팀이라는 말……. 정말 공감하면서도 마음에 새기고 싶습니다. 사실 학교라는 곳은 아이들이 있어 정말 활기차고 즐거운 공간이다가도 담임 업무, 행정 업무 등에 치이고 아이들, 학부모님과 힘든 일을 겪다 보면 '이 일이 정말 나에게 맞는 일일까?' 하는 의문에 잠을 못 이루게 하는 곳이기도 합니다. 그럼에도 불구하고 제가 교단에 서 있는 이유를, 이 책은 다시 한번 깨닫게 해주었습니다.

선생님들은 하루하루 아이들 일상에 없어서는 안 될 정말 중요한 존재입니다. 그렇기에 지금 막 교직생활의 첫발을 내딛는 선생님들께, 고단한 학교생활의 쉼터가 되어 줄 이 책을 추천합니다.

_이재영(@youngt_2021), 서울 영림초등학교 교사

누군가 교사 생활 만족도를 묻는다면 "100퍼센트"라고 대답하곤 합니다. 운이 좋게도 교원임용시험에 비교적 빠르게 합격했고, 순하고 예쁜 학생들과 행복한 교직 생활을 즐기고 있기 때문이지요. 하지만 왜일까요. 교사를 꿈꾸는 학생들에게 이 길을 추천한다는 이야기가 선뜻 나오지 않는 것은 아마도 교사가 되기까지의 과정이 너무나도 힘들 뿐 아니라, 교사가 된 이후에도 매 순간순간이 도전의 연속이기 때문일 것입니다. 그럼에도 불구하고, 우리는 작지만 반짝이는 보석 같은 순간들을 끊임없이 찾아내려고 노력합니다. 누군가를 가르치면서 함께 배우는 일은 꽤 가치 있는 일이기 때문이죠. 《선생님, 오늘은 안녕하신가요?》는 실제로 '안녕'하지 않은 순간이 넘쳐나는 현실 속에서, 보석 같은 순간들을 찾아 나갈 힘과 용기를 주는 책이라고 생각합니다. '나만 이렇게 힘든 게 아니구나.' '내가 이상한 게 아니구나.'라는 공감에서부터 '그럼에도 불구하고 역시 교사가 될 잘했다.'는 확신까지, 이 책은 저경력 교사라면 누구나 했을 법한 고민과 걱정에 대한 위로이자 지침서가 되어 줄 것입니다.

김사라(@saraphic), 서울 강현중학교 교사

말 그대로, 열심히 공부해서 교사 합격 소식을 들었을 때의 기쁨은 아직도 잊지 못합니다. 아이들을 있는 힘껏 사랑하고, 대학생 때 연구했던 모든 수업을 척척 해내는 제 모습을 상상하며 얼마나 가슴 벅차 했는지 모릅니다. 그러나 첫날, 교실 문을 열고 들어갔을 때, 모든 것은 제 상상 이상이었습니다. 저만을 쳐다보며 무언가를 기대하는 수많은 눈동자에 '진짜 교사'가 되었다는 생각이 들었습니다. 그렇지만 제가 구체적으로 무엇을 해야 하는지는 알 수 없었습니다. '진짜 학교'에서는 어떤 일들이 일어나는지, 저는 무엇을 준비해야 하는지 모든 것을 부딪치며 경험해 보는 수밖에 없었습니다. 아무도 가르쳐 주지 않는 사소한 문턱들에 걸려 넘어지다 보면 내가 괜히 더 한심하고 때론 눈물이 핑그르르 돌기도 합니다. 나를 제외한 모든 선생님은 슈퍼맨처럼 모든 일을 척척 해내시는 것 같아 스스로가 더욱 초라하게 느껴집니다.

《선생님, 오늘은 안녕하신가요?》는 이러한 마음을 어떻게 그리 잘 아는지, 나조차도 발견하지 못한 내 마음을 조근조근 다독여 줍니다. 이래라저래라 가르치는 것이 아니라 마치 가까운 언니 오빠가 "나도 그랬어~" 하며 토닥여 줘서 나도 모르게 빠져들어 위로를 받습니다. 제가 활자 사이로 건네받은 이 따뜻한 마음을 읽는 분들께서도 받으셨으면 좋겠습니다. 선생님, 오늘은 안녕하실 거예요!

_김수정(@official_suessam), 계남초등학교 교사

교사는 정말이지 많은 역할을 떠안고 그것들을 모두 책임감 있게 해내야 하는 직업이다. 그마저도 부족한지 점점 더 많은 기대에 부응해야 하는 것이 현 세대의 교사들이다. 이제는 학교 밖의 사람들도 우리가 얼마나 불쌍한지 다 아는 것일까. '교사는 철밥통'이란 소리도 잘 들리지 않는 것 같다. 어느새 적지 않은 경력의 교사가 된 나 역시 만능 재주꾼으로서의 역할을 다하지 못했을 때 그 이상의 많은 질책과 책임을 떠안을 수도 있다고 생각하면 아찔해질 때가 있다. (실현 가능성이 충분한) 괜한 걱정은 이내 아이들의 노랫소리가 울리는 교실의 삶을 소음이 다분한 삶으로 바꾸고 만다.

그렇게 교사의 인생이 퍽 아름답지 않다고 느낄 때쯤, 가장 교사다운 두 선생님이

허심탄회하게 들려주는 그들의 이야기는 이 시대가 바라는 바람직한 교사상에 지쳐버린 교사의 마음을 따뜻하게 데워 주었다. 이 책은 언제나 따뜻한 시선으로 모든 학생을 품는 교사의 모습만을 얘기하지 않는다. 아마 많은 날을 눈물로 지새웠을 시행착오와 수난의 시간까지 기꺼이 들려주는 그들 덕분에 독자들은 더 깊이 공감하고 위로받을 수 있을 것이다.

결국 우리는 각자의 교실에서 같은 고민을 하고 같은 생각을 하고 있음을 느끼며, 함께 고민해갈 사람들이 있음에 위로받으며, 이 책으로 긴 여정을 다시 한번 힘차게 도약해 나갈 동료들의 항해가 찬란하고 아름답기를 소망한다.

_유하영(@uhay_t), 금모래초등학교 교사

교사를 꿈꾸는 사람들이라면 누구나 꼭 읽어야 하는 책입니다. 이 책을 읽으며 10년 전 신규교사로서 새로운 학교에 발령받았던 저의 모습이 떠올랐습니다. 중학교에 발령받아 첫날부터 연구부원으로, 1학년 담임으로 고군분투하며 누가 교사는 가르치기만 하면 되는 거라고 했냐고 원망했던 기억이 납니다.

이 책은 대한민국에서 교사로 지내는 것이 어떤 것인지 낱낱이 알려 줍니다. 제가 신규교사일 때 왜 이런 책이 없었나 원망스럽기도 합니다. 그랬더라면 좌충우돌, 우왕좌왕하면서 매일같이 힘든 학교생활을 보내지 않았어도 되었을 텐데 말입니다. 10여 년을 공립 학교 교사로 지내면서 학교에서 제가 겪었던 것과 비슷한 에피소드가 들어있어 읽는 내내 동질감과 진한 내적 위로를 받았습니다.

대한민국에서 교사로 살아남기가 어렵다고들 하지만 그래도 우리가 희망을 붙들고 있는 이유는 바로 교사라서이지 않을까 생각합니다. 이 책을 읽으며 다시 한번 교사로서의 저의 사명감과 책임감에 대해 생각해볼 수 있었습니다. 신영환, 기나현 선생님의 귀한 나눔은 신규교사를 먼저 거쳐 온 사람으로서 후배 교사들에게 든든한 이정표가 될 것으로 생각합니다. 제 앞자리에 앉아있는 신규교사 선생님에게 이 책을 꼭 추천해주고 싶습니다.

_박은솔(@luvjamiepark), 율현중학교 교사

좋은 아이들을 만나기 위해서는 좋은 교사가 되어야 한다. 신영환 선생님과 기나현 선생님은 소위 교육 인플루언서로, 여러 곳에서 강의와 집필을 하신다. 숨 쉴 틈 없이 돌아가는 그들의 일상은 평범한 교사인 나와는 다르다고 생각했다. 막상 이 책에서 만난 두 선생님들의 초임 시절은 나처럼 막막했고 나랑 같은 실수를 하며 자괴감에 빠지기도 하는 누구와 다르지 않은 교사들이었다. 다만 끝없이 노력할 뿐이었다.

예비 교사들에게는 '친절한 교사 = 좋은 교사'가 아니라는 경험담, 동료 교사와의 갈등 해결 에피소드 등 연수에서는 알려 주지 않지만 꼭 필요한 노하우를 전수한다. 나와 같은 현직 교사들에게는 소셜미디어를 활용한 수업 포트폴리오 구축, 학교 이외의 외부 활동의 득과 실 등 교사로서 한 단계 성장할 수 있는 발판을 보여준다.

좋은 아이들은 따로 없다. 모든 아이가 좋은 아이다. 해마다 좋은 아이들을 만나게 해달라는 막연한 기도보다는, 결국 내가 좋은 교사로 성장해야 한다. 뻔하지만 노력은 배신하지 않는다. 이 책은 '무엇'을 극복하고 '어떤' 노력을 '어떻게' 해야 하는지 그 가이드라인을 제시한다.

_문수경(@sugyeoung3816), 마석고등학교 교사

많은 인스타그램 팔로워를 보유한 인플루언서이자 교사들의 워너비인 신영환, 기나현 선생님의 이 책을 얼마나 기다려 왔는지 모른다.

《선생님, 오늘은 안녕하신가요?》 원고를 받자마자 몇 시간 만에 다 읽어버렸다. 이 책은 때론 학교생활에 지친 내 마음을 토닥여 주었고, 때론 선생님들의 경험이 내 경험과 오버랩되며 큰 위로와 공감이 되었다. 그분만이 아니다. 각종 연수, 집필, 출제 등으로 명성을 날리고 계시는 저자 선생님들의 전문성 향상 팁은 성장에 목마른 내게 큰 나침반이 되어 주었다. 교사를 꿈꾸는 예비 교사, 학교생활에서 겪은 아픔을 위로받고 싶은 교사, 성장을 꿈꾸는 교사, 나아가 교사의 생활이 궁금한 모두에게 이 책을 강력히 추천하고 싶다.

_이수진(@alice_eng.teacher), 경기 백암고등학교 교사

이 책은 교직 경력 10년 미만의 열정 넘치는 교사에서부터 교직 경력 10년에서 20년의 성숙기로 넘어가는 교사의 솔직한 이야기가 담겨 있다. 이 책을 읽으면서 조금은 답답했던 고구마 같은 마음이 사이다로 점차 뚫려나가는 느낌을 얻을 수 있다. 이 책은 교사에게는 공감을, 학부모에게는 그간 몰랐던 교사의 마음을 연결하는 다리 역할을 해준다. 이 책을 통해 모두가 안녕한 학교가 만들어질 수 있는 계기가 마련되길 기원한다.

신민철(minchoriya), 학교가자닷컴 기획자, 대구월촌초 교사

1장

등교가 아닌 출근으로 온 학교

2장 3~4년 차, 이제 진짜 시작이다

3장 알고 보면 선생님도 사람입니다

나만의 무대에 선 교사들

4전 5기, 나도 드디어 교사가 되었다
신영환

누군가는 방학이 있어서 좋다고, 누군가는 철밥통 직업이라 좋아서 교사가 되었을지도 모른다(사실 현실은 철밥통도 아니지만……).

나는 생각이 달랐다. '교사'라는 길은 스무 살 꽃다운 나이에 삶과 죽음을 가르는 인생의 기로에서 내린 결정이었다.

공부를 썩 잘한 건 아니지만, 그래도 10대 때는 공부가 전부였다. 대학입시에 두 번이나 실패한 뒤, 왜 살아야 하나 고민 끝에 안좋은 생각을 하게 되었다. 하지만 나는 그때 죽을 용기조차 없었던 패배자였다. 다행히도 며칠 후에 정신 차리고 어떻게든 다시 살아가자고 결심했다.

그때 처음으로 내 인생에 대해 진지하게 고민했다. 그동안은 남들이 부러워하는 명문대에 진학하고, 전문직 직업을 갖는 게 꿈이었다. 부끄럽지만 그땐 그게 성공이라 믿었다.

다시 살아갈 이유를 찾으며 나에 대해 천천히 생각해 볼 수 있었다. 내가 살아야 할 이유는 뚜렷하지 않았다. 그렇다면 다른 누군가를 위한 삶은 어떨까 생각해 봤다. '나처럼 10대 때 공부와 입시로 힘들어하는 아이들을 도와주면 어떨까?'라는 질문을 던졌다. 그랬더니 바로 답이 나왔다.

'교사가 되면 학교에서 나처럼 힘들어하는 아이들을 도울 수 있겠구나!'

야속하게도 두 번째로 봤던 수능 점수는 교육학과가 있는 학교에 진학하기엔 턱없이 부족했다. 또다시 좌절에 빠질 뻔했으나 열심히 정보를 찾아보니 교육학과에 진학하지 않아도 교사가 되는 방법이 있었다. 쥐구멍에도 볕 들 날 있다더니 이럴 때 쓰는 말인 것 같았다. 물론 정석의 길도, 지름길도 아닌 빙빙 돌아가는 길이었지만 말이다.

아는 사람은 다 알겠지만 교사가 되기 위해서는 교육학과를 나오거나, 교직 이수를 하거나, 교육대학원을 나와서 '정교사 2급 자격'을 받아야만 한다. 그래서 나는 두 번째로 빠른 코스인 교직 이수를 해야겠다고 생각했다. 교직 이수가 되는 영어영문학과를 찾아서 대학에 지원하고, 입학했다.

하지만 또 난관에 부딪혔다. 교직 이수를 하기 위해 80명 중 4명에 들어야 했다. 더는 물러설 곳이 없기에 정말 최선을 다했다. 꽃다운 20대 청춘, 다른 사람들 연애하러 다닐 때 나는 주말에도 도서관에 가서 죽도록 공부했다. '하늘은 스스로 돕는 자를 돕는다' 더니 피나는 노력 덕분에 교직 이수를 할 수 있었고, 교사 자격을 얻게 되었다. 갑작스러운 전개이기는 하지만, 좋은 성적 덕분에 해외 교육대학원에도 한 번에 덜컥 붙을 수 있었다.

물론 대학에 다니면서 임용 고사 공부를 열심히 하고, 합격해서 바로 교사가 되면 좋았을 것이다. 핑계지만 3~4학년 때는 ROTC를 했고, 졸업 후에는 장교로 바로 군대에 갔기 때문에 임용 고사에 집중할 수 없었다. 그리고 학벌에 대한 자격지심과 실제 내 영어 실력에 대한 의구심으로 어학연수든 유학이든 도전하기로 했다.

안타깝게도 부모님께서 도와줄 형편은 아니었다. 하지만 가난은 나를 막을 수는 없었다. 멋지게 대학원을 졸업해서 영어 실력을 키우고 한국에 돌아와서 영어교사가 되는 꿈을 포기하지 않았다. 돈이 부족해서 하루에 한 끼는 꼭 라면을 끓였고, 항상 국물에 밥을 말아 먹었다. 그래야만 허기진 배를 채울 수 있었다.

매일 공부하고 매일 아르바이트하는 지루한 일상이지만 그래도 행복했다. 꿈을 이루기 위한 과정이라 생각하니 힘들어도 견딜 수 있었다. 끝까지 버티는 자가 승리하는 거라고 하지 않는가? 열심히 버티며 공부했더니 대학원 성적도 좋았고, 우수한 성적으로 졸업한 상위 등위에 있는 학생들에게만 부여하는 'Golden Key' 자격도 얻었다. 해외 어딘가에 취업한다면 도움이 되었겠지만, 한국에 돌아오기로 하니 쓸 일은 없었다.

그렇게 한국에 돌아왔는데 또 고민이 생겼다. 막상 임용 고사를 준비하려니 어려움이 있었다. 일하지 않고 공부만 하기엔 서른 가까이 된 나이에 부모님께 손 벌리기가 쉽지 않았기 때문이다. 그래서 공부보다는 돈을 벌어야 했다. 외국에서 너무 가난하게 산 경험 때문인지 그때 돈을 많이 벌고 싶다는 생각이 들었다.

이를 악물고 교사가 되기 위해 버티고 또 버텼는데 현실은 역시 녹록지 않았다. 시기적으로도 8월쯤이라 공개 채용이 별로 없었다. 전공을 살려서 할 수 있는 일도 한정적이었다. 그래서 수시로 모집하는 유명한 대형 어학원에 토익 강사로 지원했다. 해외 유학 경험 덕분인지는 몰라도 서류심사에 통과했으니 면접을 보러 오라고 연락이 왔다. 얄궂게도 같은 시기 지원했던 학교에서도 서류가 통과했다고 동시에 연락이 와서 고민에 빠졌다.

여러분이라면 어느 길을 선택할 것인가? 행복한 고민이지만, 나에겐 어려운 선택이었다. 누군가 대형 어학원에서 잘되어 돈맛을 보면 다른 일로 바꾸기 쉽지 않을 거라고 했다. 그래서 일단은 내가 그동안 10년 동안 꿈꿔온 교사의 길을 선택하기로 했다. 그렇게 기간제 교사로 교직의 길에 들어섰다.

그런데 왜 '4전 5기'라고 했느냐면, 정교사 임용이 된 게 아니었기 때문이다. 직장에도 계약직과 정규직이 있는 것처럼 교사도 똑같다. 그때부터 4년간 정교사 임용에 대한 도전이 시작되었다. 역시 인생은 만만하지 않았다.

초임교사라 많이 부족함이 있을지라도 아이들을 아끼고 사랑하는 마음만은 누구에게도 뒤지지 않는다고 생각했다. 처음 받았던 월급은 150만 원 남짓이지만, 돈과 상관없이 너무 행복했다. 10년간 꿈꿔온 일을 내가 하게 되었기 있었기 때문이다.

그런데 정교사 임용은 '하늘의 별 따기'였다. 매일 일하고 퇴근하면 녹초가 되어 쓰러질 것 같았다. 하지만 어떻게든 지친 몸을 이끌고 도서관에 갔다. 국가 임용 고사를 보고 공립 학교에 들어가거나, 사립 학교 자체 시험에 통과해서 아무튼 정교사가 되어야 했으니까. 내가 치던 시기에는 국가 임용 고사 시험 방식이 바뀌던 때였는데, 실력 부족인지 준비 부족인지 매번 고배를 마셨다.

신기하게도 사립 학교 시험은 객관식 시험 보는 곳은 잘 안 되는데, 영어 논술 시험 유형이 있는 학교에서는 무조건 1차를 통과했다. 아무래도 외국에서 갈고닦은 영어 에세이 실력 덕분이었던 것 같다. 몇 학교는 최종 이사장님 면접시험까지도 갔다. 그런데 최종 결과는 탈락이었다.

생각해 보니 항상 똑같은 질문을 받았다. 명문고를 나왔는데 왜 인서울 대학을 못 갔냐고 물었다. 내 마음의 상처는 아물지 않았기에 대답을 잘하지 못했던 것 같다. 그래서 교사 3년 차가 되던 해에는 마음을 조금 비우기로 했다. 아이들을 도와주는 교사가 되기로 한 초심을 잘 지키자고 다시 결심했다.

누가 시키지 않아도 매일 점심 시간에 아이들과 어휘 스터디도 하고, 야간에는 무료로 수업을 열어서 학력 향상 프로젝트를 진행했다. 비록 몸은 좀 힘들었지만 교사로서 가장 행복했던 시간이었다. 그때 1년은 아직도 기억날 정도로 생생하다.

열심히 활동한 덕분인지 교사 표창 심사를 받았다. 그런데 내가 기간제 교사인 걸 알고서는 심사위원들의 표정과 태도가 급변했다. 심사를 시작할 때만 해도 분위기가 좋았는데도 말이다. 표창을 바라고 한 건 아니지만, 씁쓸한 마음은 감출 수 없었다. 그리고 좀 더 떳떳하게 교사로서 꿈을 펼치려면 정교사가 되어야 한다는 것도 깨달았다.

그렇게 정교사가 되겠다는 마음을 다시 먹었는데, 옮긴 학교는 매일 밤늦게까지 야근을 하는 문화가 있었다. 1년 내내 수업 준비와 업무로 거의 매일 야근하며 살았으니, 당연히 임용 고사든 사립학교 시험이든 준비할 시간이 턱없이 부족했다. 하지만 주어진 상황 속에서 마음을 비우고 최선을 다했다.

역시나 찬 바람이 부는 연말에는 다시 어딘가 학교와 계약해야 하기에 불안정한 시기를 보냈다. 임용 고사는 전혀 준비하지 못해서 지원조차 하지 못했다. 대신 내 강점을 살릴 수 있는 사립 학교 위주로 시험을 보러 갔다. 그렇게 여러 군데 시험을 보고 있는데, 내가 근무하던 학교에서도 한 선생님이 그만두시면서 공고가 났다. 비록 업무 강도는 매우 높지만, 여러 이유로 이 학교에 임용되면 정말 좋겠다고 생각했다.

그런데 운명은 다시 나를 시험했다. 하필이면 3명의 정교사를 뽑는 학교 시험 날짜와 내가 희망하는 학교 시험 일정이 겹친 것이다. 나는 1명밖에 안 뽑지만, 마음이 가는 곳을 택했다.

다행히 1차 필기를 통과하고, 2차 면접도 통과했는데 3차 수업 시연에서 위기가 왔다. 수업할 영어 지문 첫 문장이 도무지 해석이 안 됐다. 머리가 복잡했다. 3명 뽑는 학교로 갈걸, 왜 여길 선택해서 이런 시련을 겪는지 자책했다. 이미 되돌릴 수 없는 일이었다.

울며 겨자 먹기로 남은 내용이라도 확인하고자 나머지 문장들을 읽었다. 그런데 딱 그 한 문장 빼고는 모두 해석이 너무 잘 되는 거였다. 다 읽고 나니 첫 문장 단어 하나에 오류가 있다는 걸 깨달았다. 그래서 단어를 고쳐서 수업 준비를 했고, 10번이고 완벽하게 연습해서 수업 시연을 무사히 마쳤다. 나중에 알고 보니 출제자들이 일부러 낸 함정이었는데, 그걸 잡아낸 사람이 딱 2명뿐이었다고 했다.

그렇게 나는 그 수업 시연 덕분에 당당하게 현재 근무하는 학교에 정교사로 임용되었다. 7전 8기까지는 아니지만, 4전 5기라는 도전을 통해 이뤄낸 결과다.

우리는 인생을 살면서 여러 차례 선택의 순간에 놓인다. 결과에 따라 후회하기도 한다. 하지만 분명한 건, 끝까지 포기하지 않으면 실패는 없다고 생각한다. 혹시라도 아직 정교사 임용이 안 되었다고 포기하지 않았으면 좋겠다. 정말 교사가 꿈이라면 그 꿈을 향해 계속 달려가시길 응원한다.

그리고 지금까지 이야기를 들으며 느낀 점이 있을 것이다. 우리 인생의 시련은 계속 있다는 것! 그리고 정교사 임용부터 다시 시작이라는 걸 잊지 않았으면 한다. 나도 또 다른 세상이 펼쳐질지 전혀 몰랐기 때문이다.

20 대 1의 바늘구멍을 한 방에 뚫기 까지
기나현

    나는 치열한 입시 경쟁에서 단 한 번의 승리도 경험하지 못한 학생이었다. 고등학교 입시에서도, 대학교 입시에서도 내가 원한 결과를 얻지 못했다. 죽을 만큼 열심히 공부하는데도 뒤따라오는 결과가 기대와 달랐기에, 그때부턴 이런 생각을 했다.

    '나는 시험 운이 지지리도 없는 사람이구나.'

    그런데 참 놀랍게도 임용 시험에는 한 방에 붙었다. 당시 20 대 1이 넘는 경쟁률이었기에 아직도 놀랍기만 하다. 시험 날이 가까워 오면 손발을 덜덜 떨던 내가 어떻게 그 바늘구멍을 뚫을 수 있었을까.

    내가 중학교에 다닐 무렵에는 외고가 인기였다. 반에서 열 손가락 안에만 들면 너 나 할 것 없이 외고 입시를 준비하던 시절이었다. 반에서 공부를 곧잘 하던 나 역시도 그 유행을 거스를 수는 없었다. 외고에 가라고 등 떠미는 사람은 아무도 없었지만, 왠지 외고에 가야만 할 것 같은 분위기였다.

그렇게 친구들을 따라가게 된 외고 입시 전문 학원은 내가 생각했던 것 이상으로 치열한 곳이었다. 그때만 하더라도 학원 운영에 시간제한이 없던 때라 4시쯤 학교가 끝나면 곧장 학원으로 가 새벽 2시가 다 되는 시간까지 공부했다. 지금 생각해도 겨우 열네 살짜리인데 참 대단했다.

외고 입시 전문 학원은 분명 힘들었지만, 난생처음으로 목표를 세우고 그 목표를 이루기 위해 치열하게 공부할 기회를 주었다. 거기서 나는 성적이 꽤 높은 편이었다. 내가 목표하던 외고를 준비하는 같은 학년의 학생이 우리 학원에만 100명 정도였는데, 그 안에서 내 모의고사 성적이 다섯 손가락 안에 들었으니 아예 기대가 없지는 않았다. 학원 선생님들도 은근히 나의 합격을 기대해서 나도 덩달아 혹시 하는 마음이 들었다.

슬프게도 결과는 기대와 달랐다. 당시에 외고 입시는 지금과는 달리 지원 학교에서 준비한 시험을 치르고 그 점수로 합격을 결정하는 방식이었다. 시험장에 들어섰던 그 순간이 난다. 그런 긴장감은 처음이었기에 아직도 잊을 수 없다. 아침부터 속이 꽉 막힌 듯이 답답하더니 시험 내내 손은 땀으로 범벅이 되어 시험지가 다 젖었다. 머릿속은 새카매져서 잘 알던 문제도 도무지 풀어낼 수가 없었다. 시험장을 나서면서부터 알았던 것 같다. 떨어지겠구나.

그렇게 인생 첫 불합격 소식을 받았다. 나보다 모의고사 성적이 낮던 친구들이 합격증을 들고 기뻐하는 모습을 지켜봐야만 했다. 옆에서 담담한 척 지켜보며 축하할 수밖에는 없었다. 인생의 첫 쓴맛을 맛본 나는 외고에 떨어지고는 근처 일반계 고등학교로 진학했다. 외고는 아니었지만, 외고가 아니더라도 좋은 대학교에 갈 수 있을 거라는 믿음으로 일반계 고등학교에서도 묵묵히 내 공부를 이어갔다.

성적이 차츰 올랐고, 고등학교 3학년 시절에는 반에서 내내 1등을 유지했다. 전교에서도 열 손가락 안에 드는 학생이 되었다. 내신도 잘 나오고, 학교나 학원에서 상담해도 좋은 피드백만 있었다. 그래서 자연스레 상위권 대학으로의 수시 합격을 기대했다. 서울 상위권 대학 10곳에 지원했고 한 군데쯤은 나를 받아줄 거라는 막연한 기대가 있었다. 내신 반영 비율이 낮은 논술 전형으로 지원해 그것이 변수가 될 수도 있을 거라는 생각이었지만, 주변에서 들려오던 뻔하디뻔한 해피엔딩의 합격 스토리가 나의 이야기가 되리라는 기대를 품었다.

하지만 모두의 기대를 저버리고 나는 단 한 곳의 합격 통지도 받지 못했다. 마지막 학교까지 불합격한 것을 알고는 다 필요 없다며 부모님 품에 안겨서 울던 밤이 기억난다. 나는 왜 이리도 시험 운이 없는 걸까. 불합격 통지가 마치 내 인생이 실패했다는 성적표 같았고, 눈물은 멈출 줄을 몰랐다.

결국 나는 단 한 번도 생각해 보지 않았던 정시로, 수시 최저등급을 맞추기 위해 준비했던 수능 성적으로 진학해야 했다. 그것도 수시 전형에서는 생각지 않았던 사범대학으로 진학했다.

하지만 '인생사 새옹지마'라는 말이 딱 들어맞는 것 같다. 수시 전형으로 지원했던 경영학과나 경제학과에 합격했다면, 지금 내 인생이 이리로 흘렀을 것 같진 않으니 말이다.

어찌 되었든 고입도 대입도 결코 원하는 대로 되지 않았기에 깨달은 것이 하나 있다. 결과에 집착해선 안 된다는 것이다. 결과만을 보고 죽어라 달려왔는데, 내가 생각한 그림의 결과물이 아니면 참 허무하지 않은가. 그래서 도전하기로 결심했다면 결과에 집착하기보단 그 과정을 제대로 즐기자는 생각을 가지게 되었다. 갖가지 노력을 하고도 원하는 결과를 얻지 못한 학창 시절 덕분이다.

이런 생각이 임용을 준비할 때 커다란 도움이 되었다. 임용 결과는 내가 결정할 수 없는 부분이라 생각했다. 일단 도전하기로 하고, 그 도전의 과정을 원 없이 즐겨야 한다고 생각했다. 합격, 불합격과는 관계없이 분명히 이 과정으로 인해 내가 얻게 되는 것이 있으리라는 강한 확신이 있었다.

결과에 집착하는 마음을 버리고 나니 신기하게도 마음에 여유가 찾아왔다. 물론 나도 사람인지라 조바심이 드는 때도 있었다. 하위권을 맴도는 모의고사 성적, 한숨만 나오는 TO에 움츠러들던 때도 분명히 있었지만, 임용을 준비하는 대부분의 시간 동안 나는 즐겁고 행복했다고 자신 있게 말할 수 있다. 붙어서 선생님이 되고, 반대로 떨어져서 선생님이 못 되는 결과를 떠올리지 않았다. 하루하루가 인생 경험이 되는 과정이라 생각하니 정말 순수하게 공부를 즐기게 되었다.

과정을 제대로 즐긴 나의 공부법은 이랬다. 먼저 주변의 말을 너무 귀담아듣지는 않았다. "초수에 합격은 무리라더라." "순수 공부 시간은 12시간 정도는 채워야 한다더라." "모의고사 등수는 이 정도는 되어야 합격한다더라." 이런 이야기들을 최대한 신경 쓰지 않으려 했다. 합격만을 목표로 했다면 흔들렸을 수도 있을 것 같다. 그런데 과정을 더 중요하고 값지게 여긴 나는, 그런 이야기보다 어떻게 하면 내가 더 배우고 성장할 수 있을까를 생각하게 되었다.

도중에 마음이 힘들어지거나 불안함이 스미던 때에는 오히려 공부를 잠깐 내려두었다. '임고생은 절대 놀아서는 안 돼'라는 강박을 버렸다. 친구들을 만나서 불안을 씻어내기도 하고, 좋아하는 전

시회를 가거나 취미 생활을 즐기기도 했다. 기타를 치거나, 임용 공부하느라 못 읽은 재미난 책들을 읽었다. 주변의 말에 따라 '임용 준비생 금기 사항'을 어긴 것만 같았지만, 오히려 그렇게 스트레스를 풀고 나서는 더 높은 효율로 공부할 수 있었다.

시험 날도 마찬가지였다. 결과에 집착하지 말자고 계속해서 되뇌었다. 결과적으로 선생님이 되지 않더라도 내가 이 과정을 통해 얻게 되고 알게 된 것들로 무엇이든 해낼 수 있으리란 생각이었다. 그 단단한 생각으로 임한 임용 시험에서는 외고 시험과 수능에서는 느껴보지 못한 시험장에서의 여유를 경험했다. 그리고 그 여유가 실력을 최고치로 끌어올려 시험을 치를 수 있었다. 시험장을 나서면서부터 알았다. 이번엔 붙겠구나.

"최종 합격을 진심으로 축하드립니다."

아이러니하게도 선생님이 안 돼도 괜찮다는 여유로운 마음이 선생님이 되는 가장 빠른 길로 나를 인도해 준 것만 같다. 시험장에만 들어서면 사시나무처럼 떨던 내가, 임용 시험에는 한 번에 붙을 줄 그 누가 알았을까? 그렇게 나는 교사가 되었다.

이 책은 임용 합격 이후 내가 겪은 또 하나의 도전에 관한 이야기다. '최종 합격'이라는 반짝이는 네 글자가 창창한 앞날을 보장해 줄 것 같았지만 현실은 조금 달랐다. 그렇게 이리 치이고 저리 치이며 조금씩 다듬어져 가는 신규교사의 성장기를 이 책에 담았다.

솔직히 교사가 되는 것도, 교사로 살아가는 것도 전혀 쉽지 않다. 그렇기에 이 책이 저마다의 도전을 이어가고 있는 많은 선생님, 그리고 예비 선생님들에게 작은 위로가 되었으면 한다. 이 길이 정말 내 길이 맞는지 의심스러울 때, 나의 치열한 고민이 누군가에겐 배부른 푸념으로 들릴까 터놓지 못하고 망설일 때, 이 책이 계속해서 앞으로 나아갈 수 있도록 힘을 북돋아 주기를 진심으로 소망한다.

1장

선생님, 오늘은 안녕하신가요?

등교가 아닌
출근으로 온 학교

"NEIS"
네이스? 나이스?

 기나현

교사가 되기 위해 우리는 대학교 시절을 참 숨 가쁘게 보내야만 한다. 복수전공이나 교직 이수의 길을 택했다면 평소 듣고 싶던 교양 수업은 사치일 뿐이다. 매 학기 꽉 채워 전공 수업과 교직 수업을 듣기에도 벅찬데, 필수로 이수해야 하는 교육봉사, 교생실습까지 생각한다면 대학교 시절의 상당 시간을 교사가 되기 위한 준비 시간으로만 썼다고도 말할 수 있겠다.

그렇게 교사가 된 우리. 하지만 어쩐지 알고 있는 것이 하나도 없는 것 같다. NEIS(교육정보시스템)은 나이스? 네이스? 도무지 뭐라고 읽어야 할지도 모르겠다. 왠지 바보 천치가 된 기분이다. 교무실 안에서는 선배 선생님들의 바쁜 타자 소리가 들려온다. 나도 바빠

야만 할 것 같은데……. 도대체 무엇부터 시작해야 하는 걸까?

　나는 9월 발령 신규로, 1학기에 먼저 계시던 선생님의 담임 반과 업무를 이어받게 되었다. 다들 알다시피 9월은 이미 2학기 개학을 한 이후 시점이기도 하고, 한 해의 절반이 지났을 무렵이라 신규가 환영받기에는 어려운 상황이다. 나만 이제야 출발점에 선 기분, 다른 선생님들은 이미 각자의 자리에 익숙해 보였고 나는 배워 갈 것이 산더미였다. 학교 업무라는 게 학부 시절 배운 지식으로는 헤쳐 나갈 수가 없지 않은가. 어디든 붙잡고 물어봐야 하는데 선배 선생님들은 모두 바빠 보였다. 잠깐의 틈도 없이 각자의 모니터만 뚫어져라 쳐다보며 쉬지 않고 타자를 두드리는 선생님들께 민폐가 될까 한참을 머뭇거렸던 기억이 있다.

　발령받고 몇 주 지나지 않았을 때, 우리 학교가 아닌 이곳저곳의 문서를 받아본다는 게 신기해서 하루에도 몇 번이고 문서함을 보던 무렵이다. 한번은 공람 문서함을 보다가 연극을 활용한 영어 수업 관련 연수를 찾게 되었고, 마침 집 근처 학교에서 진행되는 연수라 꼭 한 번 들어보고 싶어졌다.

　1개월 차 신규이던 나는 연수 신청이나 출장 상신은 어느 별 외계어인가 싶을 때였다. 파티션 너머의 선생님들을 바라봤다. 바쁜 타자 소리만 교무실에 가득했다. 주변 선생님들께 민폐가 될지라도

'이 연수만은 꼭 들어보겠어!'라는 굳은 결심으로 당시의 학년 부장님께 나의 사정을 설명하며 도움을 청했다. 물어보는 것 자체가 폐를 끼치는 거라고 생각했는데, 부장님은 바쁜 와중에도 직접 나의 자리까지 와서 나이스에 접속하고, '개인근무상황신청' 탭을 열어 타닥타닥 내용을 입력하고, 결재라인을 지정하기까지 정말 일사천리로 척척 도와주셨다. 나 혼자 몇십 분을 쩔쩔맨 일을, 부장님은 몇 분도 채 걸리지 않아 쉽게 끝내셨다.

신규교사 때는 이런 아주 간단한 일조차 한없이 어렵게 느껴졌다. 월마다 하는 출결 마감은 실수 없이 끝내본 적이 없고, 30분 남짓이면 끝날 일을 몇 시간은 붙잡아야 마칠 수 있었다. 한번은 봉사활동 확인서를 작성하는데, 옆자리 선생님께 배운 대로 정보를 입력하고, 출력하고, 도장까지 쾅 찍어서 담당자 선생님에게 제출했다. 그런데 웬걸, 교무실 전체에 웃음소리가 퍼져나갔다. 영문도 모른 채 선생님을 쳐다보니 아주 야망이 크다고 웃으시며 내가 제출한 확인서를 보여 주셨다. 거기엔 교장 직인란에 버젓이 나의 도장이 찍혀 있었다. 그렇게 첫해에는 크고 작은 실수들이 줄지어 이어졌다.

무엇이든 척척 해내는 선배 선생님들 사이에서 나는 너무 작은 존재였다. 아무도 나를 꾸짖지 않았지만, 나는 자꾸 작아졌다. 아무것도 모르는 나를 원망하고, 나는 왜 이리 아는 게 없을까 자책하기 일쑤였다. 뭐든 서툴고 실수투성인 나의 모습이 드라마 '미생'의 장 그래처럼 느껴지기도 했다.

어쩌면 지금 이 글을 읽고 계신 선생님들이 맞닥뜨린 현재일지도 모르겠다. 임용 고사를 준비하며 달달 외운 교과 지식과 약간의 기술은 아무짝에도 쓸모없는 기분일지도 모른다.

하지만 누구에게나 시작은 있고, 결국 모든 것은 시간이 해결해 주었다. 지금 막 시작점에 선 선생님들에게 이 말을 꼭 전하고 싶다. 우리 눈에 최고로 멋져 보이는 선배 선생님들에게도 지금의 우리와 같은 시절이 있었다. 그분들과 같은 여유와 능력을 갖추기 위해 필요한 건 단지 시간뿐이다.

당장에는 막막해 보일 수 있겠지만, 걱정하지 말자. 모두가 거쳐 온 순간이다. 하나둘 차근차근 배워가다 보면, 언젠가는 반자동으로 업무들을 척척 처리하는 자신을 마주하게 될 테니!

1년 차인데
담임 교사라고요?

 기나현

신규교사와 담임은 떼려야 뗄 수 없는 관계다. 물론 학교 상황에 따라 비담임 자리를 받게 될 수도 있겠지만 주변의 이야기를 모아보면 비담임 자리는 환상 속의 유니콘 같은 존재다. 나의 짧은 교직 생활을 돌아보더라도 1년 차부터 7년 차인 지금까지 한 해도 담임이 아닌 적이 없었다. 이제 비담임 자리를 맡을 수 있을까 꿈꾸지만, 그럴 때마다 선생님들은 헛된 희망은 접어두라고 내게 말하곤 한다. 그렇기에 이 책을 읽고 있는 선생님들도 어느 정도의 대비를 하시라 말하고 싶다. 그 누구도 '난 이제 담임이 될 준비가 됐어!' 하고 담임 일을 시작하지는 않으니 말이다.

9월 1일 자로 신규 발령을 받은 나는 솔직히 기대했다. 모두가 부러워하는 가을 발령이었기에 혹시 담임이 아닐 수도 있겠다는 기대를 품었다. 하지만 신규의 발칙한 상상은 역시나 이뤄지지 않았다. 교감 선생님과 한 첫 통화에서 1학년 2반 담임 교사가 되었음을 알게 되었다.

마음이 무거웠다. 임용 고사에 합격했는데, 나라에서 교사가 되어도 좋다는 자격을 받았는데, 어째서인지 아직 준비되지 않은 것만 같았다. 당시 내가 기억하는 담임 선생님들은 진짜 어른이었다. 말썽 피우던 친구들을 호되게 지도하고, 도움이 필요한 친구들에겐 인생 조언을 아끼지 않던 그런 어른이었다. 그에 반해 스물다섯의 나는 이제 막 사회에 발을 내딛은, 갓 대학 공부를 마친 가짜 어른의 모습이었다.

바들바들 두려움에 떨던 내게 전임 선생님은 학년 초 학생들이 적었던 자기소개서와 학부모님들이 적은 자녀소개서를 건네셨다. '내가 담임이라니?' 하며 어리둥절하던 나는 받아 든 종이를 한 장씩 넘겨 읽었다. 그곳에는 새롭게 맞이하는 중학교 생활에 대한 설렘, 새로운 선생님과 학교에 갖는 믿음이 가득 적혀 있었다. 글일 뿐이었는데도 모든 진심이 글로도 전해져 읽는 내내 울컥했다. 무섭지만, 두렵지만, 그런데도 잘 해내고 싶었다. 걱정과 설렘, 기대가 뒤섞인 채로 나는 마침내 첫 출발선에 섰다.

중간에 투입되는 자리였던 탓에 조금 걱정이 됐다. 전에 계시던 선생님에 대한 그리움이 새로 온 나를 향한 적대감으로 바뀌진 않을까 하는 걱정이었다. 그런데 걱정과는 달리 중학교 1학년 친구들은 금방 나에게 마음을 열고 다가와 주었다. 일주일도 채 되지 않았는데 내 품에 달려들며 안아달라던 녀석들이었다.

강아지처럼 나를 따르던 반 아이들 덕에 금세 적응할 수 있었지만, 꽃길만 펼쳐진 건 아니었다. 나는 담임 교사였고, 가장 가까운 곳에서 아이들의 감정을 들여다보고 사고를 수습해야 하는 사람이었다.

그해 처음으로 학생과 함께 선도위원회에 들어가게 되었다. 평소 발랄한 성격으로 학급에 생기를 불어넣던 아이였다. 자물쇠가 잠기지 않은 자전거를 보고 호기심에 훔쳤는데, CCTV에 찍힌 그 장면이 PC방 앞에 붙여지면서 학교 전체에 소문이 퍼졌다.

선도위원회가 열려 여러 선생님을 마주 보는 자리에 학생, 학부모님과 담임 교사인 내가 앉았다. 기분이 참 이상했다. 죄송스럽기도, 부끄럽기도, 안타깝기도, 슬프기도 했다. 선도위원회가 잘 끝났지만 결국 학교에 퍼진 소문을 견디기 힘들었던 학생은 전학을 갔다.

'내가 그때 이렇게 지도했다면 어땠을까?'

'내가 더 잘 수습했다면 달랐을까?'

스스로에 대한 후회 섞인 질문들이 그 후로도 오래 이어졌다.

그해 첫 담임을 맡으며 느낀 바가 있다. 담임 교사는 학생들의 부모나 다름없다는 사실이다. 학교에서 발생하는 온갖 일의 보호자가 된다. 학생이 다쳐도, 수업 시간에 말썽을 피워도, 쉬는 시간에 누군가와 싸움이 붙어도 모두 우리의 일이자 책임이다. 그렇기에 우리는 학생들이 학교에 와 있는 시간 동안 신경을 곤두세우고 있을 수밖에는 없다. 시끄러우면 시끄러운 대로 스트레스받고, 조용하면 '왜 오늘따라 조용하지?' 하는 생각에 불안한 자리니 말이다.

담임이 되면 지치고 힘들 때가 분명 많다. 마음이 불편해지고, 머리끝까지 화날 때도 있고, 서러움에 엉엉 울기도 한다. 그런데도 우리는 모두 안다. 우리가 학교에서 일하며 가장 행복한 순간은 모두 담임을 맡았을 때 온다는 것을 말이다. 해결되는 일은 없고, 해결해야 할 일들만 쌓여 머리가 다 빠질 것만 같은 스트레스를 받다가도, 아이들의 "힘내세요!"라는 쪽지 하나면 마음이 사르르 녹아내린다. 다시 한번 믿고, 또다시 사랑하자고 결심한다. 담임이 정말 지긋지긋할 때도 있지만 행복한 것도 사실이니까. 올해도 이렇게 이 애증의 자리에서 열심히 살아간다.

학생보다
학부모님이
더 무서운 이유

 기나현

처음 발령받은 해에 내 나이는 고작 스물다섯이었다. 학교에서는 고학번 화석 취급을 받기도 했었는데 이게 웬걸, 사회에 나와 보니 덤벙대기 일쑤인 병아리 교사였다. 학생들과의 나이 차는 고작 열 살 남짓이지만, 학부모님들과의 나이 차는 훨씬 컸다. 학생들에게 다가가기는 참 쉬운데, 학부모님을 어떻게 대해야 하는지는 막막했다. 전화 한 통이라도 해야 하는 날이면 포스트잇에 미리 멘트를 적어두고 그대로 읊을 정도였다.

그렇게 발령받은 지 한 달이 채 안 되어 학부모 상담 주간을 맞이했다. 요즘은 코로나의 영향으로 대면 상담이 많이 줄었지만, 당시에만 해도 대면 상담에 대한 선호가 더 컸다. 전화로 나누는 몇

마디 말보다는 서로 눈을 보고 이야기하는 게 더 제대로 된 상담이라고 여기던 분위기였다. 직접 찾아오시는 부모님들을 상대하기 위해서는 나름의 준비가 필요했다. 조금이라도 어린 티를 내지 않기 위해, 신규인 게 드러나지 않기를 소망하며 가장 어른답다고 생각하는 옷을 꺼내 입었다. 1년에 몇 번 신지도 않는 뾰족구두까지 신었다. 그렇게 뛰는 심장을 딱딱한 복장 아래 감추고는 교실에서 부모님들을 기다렸다.

첫 학부모 상담은 사실 차가웠다. 2학기에 새로 온 담임 선생님을 아이들은 웃으며 맞이해 줬지만, 학부모님들은 그렇지 않으셨다. 지금 생각하면 당연한 반응이다. 부모님들은 아이들이 1년간 탈 없이 학교에 적응해 주기를 바라는데, 담임 교사가 바뀐다는 건 아이들에게 큰 변화니까. 그래서 내게 차가웠던 학부모님들을 지금은 충분히 이해할 수 있다.

그렇지만 그때의 나는 괜찮지 않았다. 부모님들이 내게 건넨 질문들은 친절한 말투로 포장되었지만 꽤 날카로웠다. 1학기에 계시던 선생님이 기간제 교사인지, 2학기에 새로 온 내가 기간제 교사인지를 알고 싶어 한 부모님도 계셨다. 교직 경력은 있는지, 심지어는 결혼 여부를 묻는 분들까지 있었다. 불편한 질문들을 애써 웃어넘겼다.

그렇게 첫해와 그다음 해에는 유독 어려운 학부모님들을 많이 만났다. 내가 지레 겁을 먹었던 이유일 수도 있겠지만 학부모님들과의 관계에서 정말 많은 상처를 받았다. 밤낮을 가리지 않은 학부모님들의 민원 전화에 허덕이곤 했다. 한 부모님은 내가 전화를 받을 때까지 전화를 10통이나 내리 걸기도 하셨는데, 이미 퇴근 시간이 한참 지난 때였다. 밖에 나와 있어 전화를 받을 수가 없는데 부재중 전화가 10통 넘게 찍힌 휴대전화 화면을 보니 한숨이 푹 나왔다. 계속해서 울려대는 전화에 퇴근해도 퇴근하지 못한 것만 같은 심정이었다.

또 한번은 2년 차 때 이런 부모님을 만났다. 학교폭력 사안이 발생해서 주말에 급히 관련 학생 부모님과 통화할 일이 생겼고 주말에 전화하는 게 실례일 수 있지만 워낙 긴급한 사안이었기에 실례를 무릅쓰고 전화를 걸었다.

"여보세요?"

"안녕하세요, 아버님! 저 ○○이 담임이에요. 통화 가능하신가요?"

"……." (침묵)

오랜 침묵 끝에 아버님은 차가워진 목소리로 내게 몇 년 차인지 묻고는 학부모를 깔보냐며 별안간 소리를 질렀다. 영문을 모르겠기에 아무 대답도 하지 못했고, 아버님은 흥분을 감추지 못한 채 심한 말을 쏟아내었다. 알고 보니 "저 ○○이 담임이에요"라고 했던 나의 말이 문제였다. '-요'로 끝나는 말은 은연중에 학부모를 무시하는 말투라고 지적했다. "○○ 학생의 담임 교사입니다"로 말하지 않은 것이 나의 잘못이라 설명했다.

나는 정말로 내가 큰 잘못이라도 저지른 줄 알았다. 아무것도 알지 못했기에 몇 번이고 죄송하다며 사과했다. 나의 사과에도 도무지 아버님의 화는 식을 줄 몰랐고 나는 그날을 눈물로 지새웠다.

학교에 대한 불만은 최전선에 있는 담임 교사에게 고스란히 전해질 수밖에는 없다. 그래서 가끔은 퇴근하고도 아직 학교에 있는 느낌이 들기도 한다. 별의별 경험이 이어지다 보면 문득 이런 생각을 하게 된다.

'학부모는 교사의 적인 걸까?'

상처를 만드는 사건들이 계속되면 충분히 생각할 법하다. 나도 그랬고, 어쩌면 모든 선생님이 경험했을 법한 일이다. 왜 나에게 이런 시련이 벌어지는 걸까 하고 서러움이 밀려올 수 있지만, 상처받은 선생님들의 어깨를 도닥이면서 그래도 괜찮은 부모님들도 정말 많다는 말을 꼭 전하고 싶다. 가끔은 졸업시킨 학생보다 그 학생의 부모님이 생각날 만큼 좋은 추억을 나눈 학부모님들이 계신다.

그런 고마운 분들의 얼굴을 떠올리면, 우리는 결국 하나의 팀이라는 생각이 든다. 우리에겐 공동 목표가 있지 않은가. 사랑하는 제자가 그리고 자녀가 바르게 성장하도록 돕는 목표를 달성하려면, 우리는 학부모님을 마냥 무서운 대상으로만 봐서는 안 된다. 물론 두려울 수는 있다. 하지만 사랑하는 제자들을 위해서라도 우리가 그 두려움을 단단히 이겨내면 좋겠다. 진실한 마음은 통하는 법이다.

나는
만만한 교사인 걸까?

 기나현

내가 교사를 꿈꾸던 시절 바라던 교사상이 있었다. 소외된 친구들까지도 친구처럼 여길 수 있는 그런 따뜻한 선생님이 되기를 소망했다. 재밌는 농담도 주고받고, 연애 상담도 해주고, 시시콜콜한 이야기까지 함께 할 수 있는 그런 선생님이 되고 싶었다.

교사가 된 뒤부터 친구 같은 선생님이 되고자 부단히 노력했던 것 같다. 쉬는 시간마다 교실에 찾아가서 애들과 말을 섞어보려 하고, 공통의 관심사를 찾아보겠다고 아이돌 음악까지 섭렵했다. 노력이 쌓여가다 보니 바라던 교사상에 제법 가까워진 느낌이 들기도 했다.

그러던 중 내게 충격을 준 사건이 일어났다. 발령받은 지 석달 정도 지났을 무렵, 처음으로 교원능력개발평가 결과를 받았다. 교원능력개발평가는 판도라의 상자라고들 한다. 모르느니만 못하다는 말이다. 하지만 나도 결국 그 궁금증을 참지 못하고 끝내 학생들이 남긴 글들을 읽었다.

사실 좋은 이야기들이 훨씬 더 많이 쓰여 있었다. 그런데도 부정적인 피드백 하나가 내 기억에 가장 오래 남아 있는 걸 보면 그때 받은 충격이 꽤 컸나 보다. 선생님에게 앞으로 바라는 점을 쓰는 자유 서술식 응답란에 이렇게 쓰여 있었다.

"선생님이 수업에서 무례한 친구들에게 더 화를 내주시면 좋겠어요. 선생님이 화를 안 내시니까 애들이 더 그러는 거 같아요. 선생님 수업이 자주 불편해요."

나를 향한 인신공격이나 이유 없는 비방이 담긴 글은 분명 아니다. 그런데도 이 피드백은 내게 꽤 충격이었다. 친구 같은 선생님이 되어서, 친절하고 따뜻한 선생님이 되어서 어느 정도 성공했다고 생각하고 있던 때였다. 그런데 이런 나의 지도 방식에 불편함을 느끼는 친구가 있었다는 걸 알고 나니 순간 머리가 복잡해졌다.

그때부터 이런 고민이 시작되었다. 나는 학생들에게 친구처럼 편한 선생님인 걸까? 아니면 그냥 만만한 선생님인 걸까? 학생들은 무섭기로 소문난 선생님들 앞에서는 아무 말도 하지 못한다. 하물며 눈짓 하나도 조심한다. 그런데 내가 지도할라치면 쉽게 대들곤 했다. 사이가 괜찮을 때는 잘 따르던 학생들도 잔소리하거나 혼낼 때면 억울하다며, 왜 자기에게만 그러냐며 180도 돌변하곤 했다.

혼자서는 쉽게 답을 내릴 수 없었기에 옆자리 선생님께 고민을 털어놓았다. 그때 선생님께서는 이런 말씀을 해주셨다. 천사처럼 굴다 하루 까칠한 사람과, 악마처럼 굴다 하루 친절하게 대해주는 사람 중에 누구의 평판이 더 좋을까? 슬프게도 하루만 친절한 악마의 평판이 좋다. 교사도 마찬가지다. 천사 선생님이 쓴소리라도 조금 하려 하면 "저 선생님 오늘따라 왜 예민해?"라고 하고, 호랑이 선생님이 잠깐 친절한 모습을 보이면 "생각보다 훨씬 좋은 선생님이었어!"라고 생각한다는 말씀이었다.

꽤 맞는 말 같았다. 원래 사람은 내가 갖지 못한 모습을 부러워하지 않는가. 그때의 나도 아이들이 무서워하는 선생님들이 그렇게나 부러웠다. 강약 조절의 달인이던 선배 선생님들을 동경하며 고민 끝에 나도 카리스마 교사가 되기로 결심했다.

원래 내 목소리 톤은 여자치고 꽤 낮은 편이다. 그런데 카리스마 교사는 그렇지 않다. 목소리를 높여 교실이 다 울리도록 크게 소리칠 수 있어야만 할 것 같았다. 마침 하루는 반에서 청소 지도를 하고 있었는데, 한 녀석이 반항적인 태도를 보였다. 우리 아이들의 단골 멘트인 "왜 저한테만 그러세요?" 하는 바로 그 말이었다. 평소의 나였다면 나긋한 목소리로 나름의 설명을 덧붙였을 텐데, 카리스마 교사가 되기로 했던 나는 그럴 수 없었다. 다른 학생들이 보는 앞에서 그 학생에게 지지 않겠다며 어디서 그런 태도로 대드냐면서 한껏 크게 소리쳤다.

하지만 어째서인지 나는 소리 지르고 따끔하게 혼내는 흉내를 낼수록 우스운 느낌이 들었다. 강약 조절이 확실한 진짜 카리스마 교사가 아니라, 나는 그냥 카리스마를 글로 배운 교사의 모습이었다. 아이들도 어쩌면 선생님이 왜 저러실까 하고 생각했을지도 모르겠다.

그때 든 생각은 어설프게 따라가느니 안 하느니만 못하다는 거였다. 카리스마가 없는 내가 있는 척을 하다 보니 이도 저도 아니게 되었다. 친절한 선생님도 아닌데, 그렇다고 무서운 선생님도 아니었다. 만만하게 보이지 않으려고 버둥대다가 우스워진 꼴이었다. 결국 깊은 깨달음을 얻고는 다시 예전으로 돌아갔다.

누군가 내게 "어떤 선생님이 되고 싶으세요?" 하고 다시 묻는다면, 나는 친구 같은 따뜻한 선생님이 되고 싶다고 할 것이다. 그렇지만 전과는 분명 다른 생각이 있다. 한없이 따뜻하면서도 필요할 때는 단호한 선생님이 되고 싶다. 이전에는 친절한 교사는 만만한 교사의 다른 말이라고 생각하기도 했다. 하지만 이제는 친절함과 단호함 모두 함께 지니고 학생들을 대할 수 있다. 그런 진심으로 우리 아이들이 기댈 곳이 필요하면 주저하지 않고 나를 찾도록 하고 싶다. 동시에 남에게 상처 주는 언행을 보이거나 잘못된 길로 빠지려고 한다면 쓴소리를 아끼지 않는 선생님이 되고 싶다. 결국 그것이 내게 맞는 모습이기 때문이다.

이 글을 읽는 선생님들도 아마 한 번쯤은 이런 생각을 했을지도 모르겠다. '쟤네들이 내가 만만해서 저러나?' 하지만 그렇다고 해서 선생님들이 맞지 않는 옷을 억지로 입지 않으셨으면 한다. 우리가 갖지 못한 모습을 부러워할 필요가 없으니 말이다. 우리 모두 같은 모습일 필요는 없다. 그러니 이미 가진 색깔을 잃지 않았으면 한다.

선생님도
조퇴하고 싶어요

 기나현

규정을 잘 파악해 두는 것은 정말 중요하다. 규정이 나의 무기도 될 수 있고, 학교에서 부당한 일을 겪지 않도록 나를 보호하는 방패도 될 수 있다. 하지만 또 규정과 현실은 다를 수도 있다.

나의 첫 근무 학교는 보수적인 교직 문화로 잘 알려진 지역에 있었다. 얼마나 보수적이었냐면, 하루는 교감 선생님께서 신규인 나를 직접 찾아오셨다. 시험 기간이었는데 조퇴하는 선배 선생님들을 겨냥하면서 내게 "저런 나쁜 짓은 배우면 안 돼"라며 단호한 어투로 말씀하셨다. 시험 기간 조퇴조차 나쁜 짓으로 여겨지는 곳이었다. 그런 분위기 속에서는 정말 아픈 날에도 휴가를 쓰기 어려웠다. 해서는 안 될 일이라는 생각이 들었다.

지각과 조퇴가 마치 죄악처럼 여겨지던 그곳에서 내가 난생처음으로 조퇴를 해야만 했다. 그날은 교사의 고질병 중 하나로 내가 정말 고생하던 날이었다. 말 못 할 곳의 염증 때문에 수업 때 식은 땀이 줄줄 났다. 그날만큼은 병원에 꼭 가야겠다 싶었다. 그래서 복무 규정을 확인하고는 나이스로 병조퇴를 신청했다. 필요한 정보가 빠진 건 없는지, 결재라인은 맞는 건지 몇 번을 확인하고 나서야 결재를 올렸다.

그러나 웬걸! 그날 교감 선생님의 불호령이 떨어졌다. 어안이 벙벙했다. 실수한 것이 없었는데 왜지? 결재라인이 틀린 것도 아니었고, 조퇴 시간에 임박해서 상신을 올린 것도 아니었다.

"나이스로만 결재를 띡 하고 올리면 다입니까?"

알고 보니 나의 잘못은 구두 결재를 받지 않은 것이었다. 그런데 내가 확인했던 복무 규정의 그 어디에도 구두 결재에 관한 설명이 나와 있지 않았었다. 규정과는 너무 다른 현실이었다. 직접 교감실로 방문해 사정을 설명하고는 조퇴를 쓰는 절차가 그곳의 암묵적인 룰이었는데, 나는 그것도 모르고 '싸가지 없게' 결재를 올린 신규가 되어 버렸다.

교원휴가에 관한 예규 4조(휴가실시의 원칙)에 따르면 학교의 장은 소속 교원이 원하는 법정휴가일수를 사용할 수 있도록 보장해야 하고, 근무 상황부는 나이스를 통해 개인별로 관리하도록 하고 있다. 그래서 휴가를 사용할 때 전자결재에 앞서 대면 또는 구두 결재를 강요하는 것은 법령 위반으로 볼 수 있다. 그렇지만 규정은 규정일 뿐, 현실의 벽 앞에서 나는 그곳의 법을 따를 수밖에는 없었다.

이외에도 학교에선 규정과 다른 현실로 고통받는 경우가 많다. 대표적인 예가 육아시간 사용이다. 국가에서 정한 대로면 육아시간을 쓰는 것에 눈치가 보여서는 안 된다. 그런데도 관리자와 육아시간 사용 문제를 두고 갈등을 벌이는 경우가 생각보다 많다. 실제로 세종시의 학교 교사를 대상으로 한 설문조사에서 응답자의 18.4퍼센트가 "특별휴가(육아시간, 모성보호시간 등) 사용에 있어 관리자의 부당개입으로 어려움을 겪었다"고 답했다.

자기 일을 제쳐두고 무리해서 육아시간을 쓰는 선생님들이 얼마나 될까? 그런데도 '육아시간 사용 = 근무 태만'으로 여겨지기 십상인 현실이다. 내가 근무했던 한 학교에서는 관리자가 대놓고 교직원 회의 시간에 육아시간을 사용하는 교사를 무책임하고 이기적인 교사로 말해 문제가 됐던 적도 있었다. 상식적으로 이해가 가지 않는 일이다. 규정에서 괜찮다고 하는데, 왜 이렇게까지 눈치를 봐야 하는 걸까.

학교에서 일할 때는 어느 정도의 융통성이 필요할지도 모르겠다. 규정대로만 행동한다면, 사실 이상한 사람이 되기 쉽다. 휴가 사용이나 결재 방식과 같은 문제만 보더라도 학교마다 천차만별이지 않은가. 나만 해도 첫 학교와 두 번째 학교의 분위기가 완전히 달랐다.

첫 학교에서는 구두 결재를 받지 않아서 혼이 났는데, 두 번째 학교에서는 직접 보고하는 걸 오히려 불편해하셨다. 전자 결재가 있는데 굳이 번거롭게 왜 오냐는 반응이었다. 그래서 신규들은 눈치껏 행동하는 편이 좋다. 비록 규정에 맞지는 않더라도, 그 학교만의 분위기가 있다면 그것을 따라야 하는 것이 현실이다.

눈치껏 움직이되 상식선을 벗어나는 요구라면 그땐 얘기가 다르다. 로마에 가면 로마법을 따르라는 이야기가 있기는 하나 악습까지 따를 필요는 없다. 전자 결재에 앞서 대면 또는 구두 결재를 강제하는 것, 정당한 육아시간의 사용을 무리해서 막는 건 분명한 갑질이다. 선생님들의 판단 아래 절차상 문제가 없고, 규정에 맞게 처리된 일이라면 부당한 개입을 참지 않아도 된다.

규정을 잘 아는 것은 정말 중요하다. 부당하다고 생각될 때는 규정을 적절히 활용해 의견을 피력해 보기를 바란다. 처음은 어렵지만, 다음은 아닐 수 있다. 혼자서는 어려울 수 있어도, 같이 목소리를 내는 선생님들이 있다면 외롭지 않을 것이다.

발령이라는
슬픈 운명

 기나현

'합격만 시켜 주면 어디든 괜찮아!'

아마 임용 고사 준비생이라면 적어도 한 번쯤 해봤을 생각이다. 나 역시도 바늘구멍과도 같은 이 경쟁만 뚫는다면 그다음은 뭐든 괜찮다는 생각이었다. 합격만 한다면, 교단에 설 수만 있다면 시골 학교든 섬마을 분교든 다 상관없었다. 오로지 합격만을 바라보고 달리는 경주였기에 합격 너머에는 어떤 세상이 기다리고 있는지 차마 알지 못했고, 사실 궁금하지도 않았다.

그런데 사람 마음이란 게 참 간사하다. 막상 합격하고 나니 발령이 걱정스러워졌다. 중등 임용은 최종 합격 발표일이 얼마 지나지 않아 발령을 낸다. 그 며칠 사이 수십 가지의 걱정을 했던 것 같다.

집에서 가까울지, 도심일지 아니면 외곽 지역일지, 대중교통을 타고 다닐 수 있는 거리일지, 차를 사야 할지, 자취를 알아봐야 하는 건 아닐지 하는 등의 걱정이 오갔다. 합격의 기쁨도 잠시, 초조한 심정으로 발령 결과를 기다렸다.

내가 합격하던 해에 대학 동기 중 나를 포함해 4명이 임용에 합격했다. 발령 지역은 무작위라더니, 우리 넷의 발령지가 딱 그랬다. 동기 A는 서울에 합격하고, 집에서 마을버스로 10분 거리의 중학교로 발령받았다. 학군도 좋았고 학교 규모도 커서 관내에서 인기가 많았다. A는 5년 만기를 채우고 다음 학교로 옮기면서도 이보다 나은 조건의 학교로 갈 수 있을까 고민까지 했다. 그만큼 첫 발령의 운이 좋은 경우였다.

경기에 합격한 동기 B는 오산으로 발령받았다. 당시 B는 군포에 살고 있었는데, 군포에서 오산까지 출퇴근 시간대에는 운전해서 1시간 넘는 거리였다. 발령받고는 첫 출근까지 1~2주도 채 남지 않았는데, B는 면허증은 있었지만 운전 경험이 전혀 없었다. 당장 통근을 위한 차가 필요한 B는 바로 차부터 계약했다. 초보운전 신규 교사의 고속도로 출퇴근길은 정말 눈물 없이 들을 수 없는 이야기였다.

동기 C는 인천에 합격하고 연평도로 발령받았다. 발령지를 알고는 절망에 빠진 동기의 표정이 아직도 생생하다. 연평도는 인천

항에서 두 시간 배를 타야만 갈 수 있다. 하루에 1~2번 배가 다니는데, 날씨가 얄궂은 날이면 육지로 오기도 어려웠다. 친구는 관사에서 생활했고, 주말이면 아무리 몸이 힘들어도 꼭 육지로 나오려 했다. 하지만 궂은 날씨로 뱃길이 닫히면 주말에도 섬을 떠날 수 없었다. 한 달 반 이상을 나오지 못하기도 했다. 그렇게 1년을 외로움과 싸우며 버티다 결국 1년 만에 내신을 써서 육지로 나올 수 있다.

흔히들 문 닫고 합격한다는 말이 있는데, 내 경우가 그랬다. 80명의 합격생 중 79등으로 합격한 나는 대기발령일 수밖에는 없겠다고 생각했다.

인사발령 구조상 3월 발령보다 9월 발령이 더 괜찮은 지역과 학교로 나올 가능성이 있다고들 한다. 정말 그 덕이었는지 고양에 살던 나는 9월에 김포로 발령받았다. 운전해서 편도 30분, 대중교통으로는 1시간 정도 걸렸다. 당해 3월 발령자들 다수가 가평, 포천 등으로 가게 된 점을 고려하면 괜찮은 편이었다.

발령은 결국 천운에 따르는 일이다. 신규 발령이라면 더더욱 그렇다. 어디로 발령 날지는 결코 예측할 수 없다. 하지만 신규교사가 가는 지역과 학교는 아주 큰 확률로 인기 없는 곳일 수 있다. 산골짜기에 있는 작은 시골 학교나 몇 시간이나 배를 타고 들어가야 하는 섬 학교, 도심에 있더라도 학교폭력 사건들이 쏟아지는 학교나 학부모 민원이 극심한 학교 등에 신규교사가 가게 된다.

그래서 발령 직후 신규 선생님들이 힘든 시간을 보내기도 한다. 어디든 괜찮을 거란 생각이었는데, 막상 생활이 어려우니 말이다. 아무도 없는 타지에서 외롭고 힘든 시간을 보낼 수도 있고, 밀려드는 학폭과 민원으로 하루하루를 보낼지도 모른다. 모든 것이 내가 발령 운이 없던 탓이라고 생각할 수도 있다.

하지만 선생님들이 이것만은 꼭 아셨으면 한다. 어느 환경이든 좋은 점과 그렇지 않은 점이 함께 있기 마련이다. 인기가 많은 지역은 도심과 가까워 생활이 편리한 장점이 있다. 그렇지만 운이 나쁘면 우리가 흔히 '고인물'이라고 부르는 선생님들을 만날 수 있다. 그저 편하게 근무하는 것만이 목표인 선생님들이 있다면, 그 선생님들이 떠민 일을 신규가 독박 쓸 위험이 있다. 아니면 학생이나 학부모 민원으로 크게 시달릴 위험이 도사리기도 한다.

반면 인기가 적은 지역은 어떨까? 그런 지역은 외곽에 있어 생활권이 완전히 바뀐다는 단점이 있다. 익숙한 동네를 떠나는 것만으로 어려운 도전이다. 그렇지만 관사에 사는 경험은 누구나 하는 것은 아니다. 퇴근한 뒤 관사에 사는 선생님들끼리 한데 모여 저녁 먹고, 주말이면 산이나 바다로 놀러 가는 경험은 잊을 수 없는 특별한 추억이 될 수 있다.

그렇기에 선생님들이 발령지를 슬픈 운명으로만 받아들이지는 않았으면 한다. 결국 경험하기 전에는 어떤 세상일지 결코 알 수 없으니 말이다. 발령지는 정말 무작위이지만, 그곳에서의 경험을 어떤 빛깔로 남길지는 결국 우리의 마음가짐에 달린 것이 아닐까?

내가
행정직인 줄
알았네

 신영환

내 첫 학교에서의 업무는 바로 방송과 기자재 관리 담당이었다. 면접 볼 때 교감 선생님께서 방송 업무를 할 수 있겠냐고 물으셔서 자신 있게 대답했다.

"군대에서 방송 장비도 다룬 적이 있어서 할 수 있습니다!"

사실 방송 분야 전문가는 아니지만, 탐구 정신이 있었던지라 자신 있게 대답했다. 덕분에 합격하고 출근할 수 있었지만, 얼마나 힘든 일이 돌아올지 몰랐다.

나중에서야 알게 된 사실이지만, 방송 업무는 학교 업무 중에서 몸이 힘든 것으로 손꼽히는 업무 중 하나였다. 그래도 아무런 경험이 없는 백지상태였기에 학교에서 일하는 것만으로 감사한 하루를 매일 보냈다. 그런데 일주일 수업 20시간에 수없이 많은 행사 진행을 하면서 어느 순간부터 정체성 혼란이 오기 시작했다. 수업하러 다녀온 나머지 시간에는 거의 모두 방송 업무에 매달렸기 때문이다. 심지어 학생들 축제가 있어서 야간까지 연습하느라 야근도 일주일 넘게 했다. 첫 출근 후 일주일을 그렇게 혹독하게 보냈다.

그런데 그 이후에도 학년당 16학급으로 학교급이 크다 보니 행사가 어마어마하게 많았다. 심지어 수능 시험장으로 운영되는 학교라서, 보통 초임교사는 3년 차까지는 수능 업무에서 배제되는데, 나는 바로 방송 업무로 투입되었다. 교사는 학교에서 수업하고, 아이들과 소통하며 진로 방향성을 안내하는 역할을 하는 줄로만 알았던 나는 그렇게 행정업무와 행사가 많은 현실을 조금씩 알아가기 시작했다.

그래서 다음 해에 다른 학교에 지원할 때는 방송 업무 경험을 일부러 적지 않았다. 선배들에게 듣기로 기존에 하던 업무를 그대로 배정하는 경우가 많다고 해서였다. 그래서 교육정보부에서 기자재 관리 업무를 했다고만 이력서에 적었다. 다행히 다음 학교에 합격에서 근무하게 되었는데, 역시나 비담임으로 배정되었다.

학교마다 다르지만, 공립 학교는 초임교사나 기간제 교사의 경우에도 바로 담임 교사로 배치를 하는 경우가 많다. 반면 사립 학교는 학교 상황을 잘 이해하지 못하는 새로 전임 온 교사에게는 주로 행정업무를 처리하는 비담임 교사로 배치하는 경우가 많다. 한 학교에서 2~3년 정도 근무하며 학교에 잘 적응한 교사만 담임 교사로 배정하는 걸 주로 봐왔다.

2~3년 차에는 한 사립 학교에서 근무했는데, 모두 환경과 봉사를 담당하는 업무를 맡았다. 초임교사이자 젊은 교사에게 많이 맡기는 업무라고 했다. 분리수거장에서 매주 두 번씩 쓰레기 처리하는 일을 했는데, 나는 예전에 했던 방송 업무가 더 힘들었기에 나름 만족하며 근무했다. 하지만 여전히 내가 관리하는 학급은 없어서 교사로서 아쉬웠다. 비담임 교사는 아이들과 수업 시간 외에 소통할 기회가 없었기 때문이다. 소속감과 유대감이라고 해야 할까? 내가 책임져야 할 학급이 없으니 내 아이들이 없다는 느낌이 들었다. 항상 수업 외에는 행정업무를 하거나 몸으로 때우는 일을 해야 하니, 교사라기보다는 학교 시스템을 유지하기 위한 하나의 부품으로 쓰이는 것 같다는 생각이 들었다.

4년 차에 현재 근무하는 외고에 계약직으로 오게 될 때는 혹시라도 떨어지면 어떻게 하나 해서 그동안의 이력을 모두 적었다. 당연히 방송 업무도 적었다. 다행히 합격했다. 그런데 내가 부여받은 업무는 기가 막히게도 '환경'과 '방송'이었다. 선배들이 말했던 대로 기존에 하던 업무를 그대로 이어받았다. 3D의 끝판왕 업무를 두 개나 받은 셈이었다.

특목고라서 그런지 정말 행사가 많았다. 게다가 주말에 입학 설명회 같은 행사도 잦았다. 방송 관련한 거의 모든 업무를 경험할 수 있었다. 거기에 환경 업무까지……, 두말할 나위도 없이 항상 뻘뻘 땀을 흘리며 다녀서 몸무게가 많이 빠져 날씬해졌다. 그래도 새로운 환경에서 새로운 아이들과 소통하며 지낼 수 있어서 기쁘게 일했다.

하지만 그다음 해에 정교사로 임용되고 또 비담임으로 배정받으면서는 정말 내가 교사인가 행정업무를 하는 직원인가 착각이 들게 되었다. 그때 배정받은 업무는 모두 문서와 서류를 처리하는 일들이었다. 평가 업무로 답안지를 기계에 넣고 채점하는 일도 했는데, 전자파가 넘치는 기계실에 홀로 앉아서 답안지를 처리할 때 무아지경에 빠졌다.

하루는 문득 이런 생각이 들었다.

'지금 내가 지금 도대체 뭐 하고 있는 거지? 나는 아이들을 맡아서 행복하게 학급을 운영하고 싶어서 교사가 된 건데……. 이러려고 교사가 된 건 아닌데…….'

자꾸만 머릿속에서 이 생각이 떠나지 않았다. 정교사가 되었는데도 나는 왜 담임 교사를 하지 못했을까?

그 이유는 이랬다. 내가 근무하는 곳은 사립 학교이고, 특목고라서 아이들의 특성을 잘 파악하고, 학교의 시스템을 충분히 이해한 사람만 담임 교사를 시키는 풍조가 있었기 때문이다. 그래서 나는 이 학교에서 다음 해에도 다른 부서에서 또 비담임 교사를 하고 나서야 3년 만에 간신히 담임 교사가 될 수 있었다. 결국 나의 담임 교사 경험은 교사 7년 차에 처음이었다. 만일 7년 차가 되는 해에도 담임 교사가 되지 못했다면, 나는 과연 어떻게 되었을까 궁금하다.

그런데 운명의 장난인지 나는 첫 담임 교사로 고3을 맡게 되었다. 그런데 이게 왜 문제냐면, 고3은 입시와의 전쟁을 치러야 하기 때문이다. 입시 압박 없이 재미있게 학교생활을 할 수 있는 고1, 고2 생활과는 다르다. 고3 담임이여서 알콩달콩 아이들과 재미있는 활동을 하며 학급을 운영하지 못했다. 매일 좀비처럼 간신히 하루하루를 버티는 수험생과 입시 성공을 위해 달려가는 동반자로 살아야 했다. 이상과 현실은 그렇게도 달랐다. 그래도 그동안 담임 교사에 대한 갈망이 있었기에 잘 버틸 수 있었다.

혹시라도 교사가 되는 이유가 아이들과 소통하거나 멋지게 수업을 하고 싶어서라면 마음의 준비를 하기를 바란다. 학교에는 생각보다 다양한 업무가 기다리고 있다. 누군가는 힘들다고 느끼는 업무를 내가 떠안을 수도 있다.

그래도 행정업무 또한 우리 아이들을 위해 다 필요한 일이라는 걸 생각한다면 의미 있고 보람 있는 일이 된다. 여전히 수업을 하는 교사이고, 아이들과 소통하는 교사여서 행복하다면, 이 두 가지 이유로 아무리 힘든 일이 있어도 버틸 수 있다고 생각한다.

교사가
이런 것까지
해야 한다고요?

 신영환

13년 동안 교사로 근무하며 잊지 못할 사건을 몇 가지 겪었다. 범죄에도 공소시효가 있는 것처럼, 어쩌면 평생 꽁꽁 숨겨둔 채로 살아가야 할지도 모를 일도 있다. 허나 이번 이야기는 어느 정도 시간이 지났으니 마음 편히 풀어낼 수 있을 것 같다. 물론 아직도 그때 기억을 떠올리면 아찔하다.

지금 소속된 학교에서 처음으로 일할 때, 환경과 방송을 업무로 맡고 있을 때였다. 이 사건은 두 업무 중에 환경에 속한다. 하지만 교사로서는 도저히 상상할 수 없는 사건을 맞닥뜨리게 된다. 환경 관련 업무를 하다 보면 선생님들께 요청 전화가 오거나 수리 신청서를 통해서 학교 시설을 수리 및 보완하는 요청이 들어온다.

다행히 대부분 시설 관리 주무관님께 연락을 드려서 문제를 해결하지만, 그분이 부재 중이거나 직접 해결할 수 있는 일은 환경 담당 교사가 발 벗고 나서서 해결해야 한다. 각 층에 계단 쪽에 비치된 분리수거에 있는 연속 비닐을 교체하기도 하고, 화장실 손비누와 방향제를 교체하는 사소하지만 학교 시설이나 환경 조성을 위해 꼭 필요한 일은 도맡아 해야 한다.

　그러던 어느 날, 그날따라 사건이 없어 평화로운 하루를 보내고 있었다. 퇴근 시간이 지나고 부서로 연락이 오기 전까지는 말이다. 폭풍전야라는 말이 있지 않은가? 딱 그 표현이 적당하다고 생각한다. 거대한 폭풍이 몰려와 교무실을 초토화시켰으니 말이다.

　"여자 화장실에 폭탄이 터져서 아이들이 소리 지르고 난리가 났어요! 4층으로 올라와 주셔야 할 것 같아요!"

　나는 귀를 의심할 수밖에 없었다. '폭탄'이란 표현이 말 그대로의 사실은 아니겠지만, 이건 분명 심상치 않은 엄청난 일이 발생한 게 틀림이 없다고 단정했다.

　아무리 내가 환경 담당이라 해도 남자인데 여자 화장실에 가야한다니 좀 거리껴졌다. 물론 아이들이 없을 때 물품을 교체하러 들어가기는 했지만, 이렇게 대놓고 여자 화장실에 들어가야 하는 상황이 너무 당황스러웠다. 그래서 부서에 계신 선배 선생님께 함께 가달라고 부탁했고, 선생님은 흔쾌히 동행해 주셨다.

4층까지 계단을 오르면서도 오만 가지 생각이 들었다. 도대체 무슨 일이길래 화장실에 폭탄이라고 한 건지, 한 가지 짚이는 내 예상이 제발 틀리기를 바랐다. 드디어 4층에 도착하니 전화 주신 선생님이 발을 동동 구르고 계셨다.

"선생님! 화장실이 난리도 아니에요. 여기저기 똥 폭탄이 터져서 들어갈 수가 없어요. 어떻게 하죠?"

그랬다. 바로 똥 폭탄이었다.

사건의 전말이 이렇게 분명하게 드러나자 다행히 두려움은 줄어들었다. 하지만 막막한 심정은 달랠 수 없었다. 그래도 심호흡을 하고 사건의 진실을 파헤치기 위해 조심스레 발걸음을 옮겼다. (여기부터는 매우 지나친 사실적 묘사가 포함되어 있으니 심약자는 마음의 준비를 하길 바란다.)

우선 눈길을 사로잡은 건 바닥에 흥건하게 한 줄로 늘어선 황토 진흙물이었다. 물줄기를 따라 올라가니 다섯 칸 중에 딱 중간 칸으로 이어졌다. 발에 묻히지 않으려고 조심히 다가가서 마음을 단단히 먹고, 속으로 '하나, 둘, 셋'을 세고 문을 열었다.

내 눈앞에 펼쳐진 광경은 '공룡시대 화산 폭발' 딱 그 모양새라고 생각하면 된다. 덮인 변기뚜껑 위에 똥 화산이 분노하듯 포효하고, 똥 화산의 용암이 흘러 화장실 가운데 배수구로 흐르고 있었다.

선배 선생님과 나는 잠시 망연자실했으나, 상황을 파악했으니 이제는 해결책을 모색해야 했다.

"호스로 물을 뿌려서 없애 볼까요?"

내가 먼저 제안했다. 그러자 선배 선생님은 단호하게 말했다.

"아뇨, 그러다 정말 똥 화산 폭발에 이어 똥 홍수 난리가 날지도 몰라요. 우리 신중하게 고민하고 움직이도록 하죠."

프랑스 작가 베르나르 베르베르를 닮은 선생님께서는 턱에 손을 괴고 고민에 빠지셨다.

잠시 정적이 흘렀다. 시간이 지날수록 똥 냄새는 점점 코를 자극했다. 짧은 순간이었지만 호흡 곤란을 느꼈다. 코가 마비될 만큼 시간이 지나자 조용히 말씀하셨다.

"긴급 상황이니 이렇게 하시죠. 일단 내가 화산을 제거할 테니 선생님은 양동이에 물을 채워 오세요."

선배 선생님의 솔선수범 아래 나는 보조 역할을 했다. 선생님은 결의에 찬 표정으로 빗자루와 쓰레받기로 단번에 변기 뚜껑에서 똥 폭탄을 제거하셨다. 그러고는 "쓰레기봉투!" 하고 다급하게 외치셨다. 바로 달려가 쓰레기봉투를 벌렸다. 베르베르 선생님께선 쓰레받기채로 봉투에 담았다. 어차피 다시는 쓸 수 없게 되어 버린 것이었다. 나는 신속하게 봉투를 돌돌 말아서 폭탄 잔재가 새어 나오지 않도록 했다. 그렇게 1차 폭탄은 무사히 제거했다.

큰일을 해내니 나머지는 조금 자신감이 붙었다. 화산 폭발을 막

앉으니 다 된 거였다. 양동이 물을 부어가며 변기 뚜껑부터 바닥에 흩어진 잔해를 모두 제거하고, 화장실 창고에 있는 락스를 열심히 부어가며 청소를 마무리했다. 사건이 그렇게 서서히 마무리되었다. 바닥을 없앨 기세로 청소해서 그런지 빗자루 두 개도 너덜너덜해져서 다른 쓰레기봉투에 담았다. 재생 불가라는 걸 서로 말하지 않아도 알 수 있었다.

우리는 마치 영화 '미션 임파서블'의 주인공처럼 그렇게 사건을 일단락시키고 사이좋게 봉투 하나씩을 든 채 쓰레기장으로 향했다. 안타깝게도 이 사건은 세상에 알려지면 안 되겠다 싶었다. 특히 자연의 섭리를 이기지 못하고 급하게 화장실에 달려 들어왔던 그 학생이 걱정되었기 때문이다. 그래서 무덤까지 가져가자고 했다. 비록 그때 다짐은 그렇게 했지만, 이 책을 읽는 독자들을 위해 이야기를 꺼냈다. 교사로 근무하면서 우리는 무슨 일을 겪을지 모를 일이기에 알고 있으라는 당부와 함께.

그날 이후로 내가 하는 다른 환경 업무는 일도 아니었다. 기다란 장대를 들고 다니며 학교 전체 복도 모서리에 생긴 거미줄을 떼는 일 정도는 누워서 떡 먹기였다. 사람은 참 간사하다. 힘든 일을 겪으면 다른 일은 상대적으로 쉽게 느껴지기 때문이다. 이왕이면 힘든 일이 없었으면 좋겠지만, 우리 인생이 그렇지는 않다. 그리고 사실 이 똥 사건도 다른 사건과 비교해 보면 별것 아니었다. 학교를 그만두고 싶을 만큼 더 힘든 일도 있었기 때문이다. 그 이야기는 뒤에서 천천히 풀어보도록 하겠다.

혹시 학교에서 내가 교사인데 왜 이런 것까지 해야 하나 하는 일이 있을까? 그럴 땐 이렇게 생각해 보자. 집에서 아이를 키우는 부모라면 경험하지 못한 모든 일을 책임지고 해야 한다. 학교에서는 교사가 곧 부모다. 그런 마음을 먹는다면 무슨 일이든 해낼 수 있을 것이다. 그게 비록 똥 폭탄을 제거하는 일이라도 말이다. 그러니 마음 단단히 먹고 힘내서 어려운 일들을 잘 해결하길 진심으로 응원한다.

30년간
막내가 될
운명

 신영환

군대에서는 남은 군 생활이 편하다는 '풀린 군번'이라는 말과, 남은 군 생활이 막막하다는 '꼬인 군번'이라는 말이 있다. 풀린 군번은 선임들이 곧 전역하고 자기가 선임이 될 수 있다. 반대로 꼬인 군번은 바로 위에 선임들이 얼마 차이가 나지 않는데 인원도 많아서 전역할 때까지 거의 막내로 지내야 한다.

그런데 학교에서도 비슷한 상황이 벌어질 수 있다. 공립 학교의 경우에는 어느 정도 때가 되면 학교도 옮기고 지역도 옮겨야 하기에 해당 사항이 없지만, 사립 학교라면 달라진다. 평생 같은 학교에서 같은 사람들과 근무해야 하기 때문이다. 그래서 '가족'이라는 말을 많이 쓴다. 좋은 관계를 잘 유지하면, 정말 '가족'같이 지낼 수 있다. 하지만 반대라면 지옥 같은 생활이 펼쳐질지도 모른다.

어찌 되었든 나는 꼬인 군번에 해당했다. 나는 선배 교사 한 명이 다른 학교로 떠나며 자리가 나서 내가 시험을 보고 임용될 수 있었다. 그때까지만 해도 내가 막내를 얼마나 해야 할지보다는 단지 정교사가 되는 게 가장 큰 목표였기에 아무런 생각이 없었다. 막상 정교사가 되고, 막내라는 호칭을 계속 듣다 보니 현실을 직시하게 되었다.

결정적으로 수업 시수를 배정할 때 남은 30년도 이렇게 가겠구나 싶었다. 나는 거의 항상 수업이 걸치든 학년이 걸치든 쉽지 않은 수업을 배정받았다. 참고로 우리 학교 영어 교과에는 16명의 선생님이 있다. 최고참은 나보다 여덟 살 많을 뿐이다. 꽤 젊은 집단이지 않은가? 나는 55세가 될 때까지는 최고참이 될 수 없다는 의미다.

내가 근무하는 학교는 특성상 영어 교과에 교사도 많고, 학과별로 과목이 달라서 과목 수도 엄청 많다. 그래서 부장 교사나 선배 교사가 일주일 2차시 수업 준비하는 과목을 맡고 나면 나머지 남은 쪼개진 수업을 나머지 교사들이 맡는다. 어떻게든 공평하게 나눠보려고 해도 그게 물리적으로 안 되는 상황이다. 누군가는 희생과 봉사의 정신을 발휘해야 한다. 대부분 막내가 해야 하지만 말이다.

극단적인 예로, 막내인 나는 2022년에 비담임이라 2학기 때 3

과목이 걸치고, 두 개 학년이 걸친 수업을 맡았다. 일주일에 18시수(보통 하루 4시간, 수요일만 2시간)이고, 5차시 수업을 준비해야 했다. 정말 숨 쉴 틈 없이 수업 준비하고, 일하고, 수업하다 보면 하루가 다 갔다. 누군가 내 모습을 본다면 거의 기계처럼 일에 몰두하고 있는 모습만 발견했을 것이다.

정말 다행히도 지금은 여러 방면에서 능력치가 올라가서 야근하지 않아도 된다. 물론 체력적으로는 너무 힘들다. 하지만 신규교사 때를 떠올리면 아직도 끔찍하다. 매일 밤 10~11시까지 남아서 수업 준비와 업무 그리고 한 회당 두 과목을 합치니 45문제 정도 출제해야 해서 매일 틈틈이 문제를 냈다. 그중 한 과목은 단독 과목이라 부담이 매우 컸다.

그해에 한번은 거의 다 낸 단독 과목 문제 파일을 저장하다가 잘못 눌러서 문제를 모두 날려 버린 적이 있다. 원안지 제출 이틀 전에 일어난 사고였다. 한 달 넘게 낸 문제를 다시 복기해서 내려니 죽을 맛이었다. 새벽까지 남아 있으니 숙직하시는 분이 오셔서 무슨 일이냐고 물었다. 나는 시험 문제가 날아가서 새벽까지 일하고 갈 것 같다고 말했다. 그때는 학교 근처에서 자취할 때라 다행히 집에 걸어갈 수 있었기에 새벽 3시쯤에 퇴근했다. 100퍼센트 똑같이 문제를 살려내지 못했지만, 거의 90퍼센트 이상은 그대로 기억에 의존해서 복기했던 악몽이다. 그때를 생각하면 아직도 아찔하다.

그해에 단독 과목 하나와 다른 학년 과목을 추가로 맡아서 정말 바쁜 한 해를 보냈다. 하지만 다음 해에도 내 수업 배정에는 변화가 없었다. 웃긴 건 나도 신규고 다른 선생님도 같은 신규인데 상황에 따라 대우가 달라진다는 점이었다. 나는 기존 경력이 있으니 여러 개 맡아도 책임을 질 수 있다고 생각하는 것 같았다. 반면 완전 교직 생활이 처음이었던 그 신규 선생님에게는 일주일에 2차시만 수업 준비하면 되는 한 과목을 맡겼다. 이런 일로 상대적 박탈감이라는 걸 느끼게 되었다.

물론 다음 해에는 그 선생님도 힘든 수업을 배정받았다. 시수도 많고 차시도 많은 수업으로 말이다. 그런데 나는 작년에도 학년이 걸친 두 과목이었는데, 다음 해에도 또 학년이 걸친 두 과목을 맡게 되었다. 그때부터 조금씩 현실을 깨달았다. 남은 30년도 이렇게 가겠구나 싶었다. 왜냐면 나는 막내로 들어온 정교사였으니까.

학교마다 다르지만, 담임 교사보다 비담임 교사에게 수업을 더 많이 준다. 내가 근무하는 학교는 모두 그랬다. 그래서 내가 드디어 담임 교사가 되었을 때 조금이나마 기대했다. 이건 웬걸, 나랑 같은 교과 선생님이 3명이나 같은 학년에 배정되면서 나는 또 후배라는 이유로 수업 선택에서 밀렸다. 그래도 나름 배려해 주시긴 했는데 나중에 성과급 받을 때 억울했다.

수업 시수는 조금 적었지만, 일주일 4차시 준비에 두 과목이 걸

쳤던 나는 B를 받았다. 나머지 두 분은 2차시 수업에 한 과목씩 맡았는데도 A가 나왔다. 차라리 나도 한 과목에 2차시 수업 준비하면서 수업 시수가 더 많기를 바랐다. 고생은 고생대로 하고, 결과적으로 보상도 없으니 이게 뭐 하는 건가 싶었다.

사립 학교를 생각하고 있거나 이미 임용되어 근무하시는 선생님들이 이 이야기를 듣고 걱정할 것 같아 긍정적인 측면도 말씀드릴까 한다. 일단 모든 학교가 군대 문화가 있지는 않을 거라는 말을 하고 싶다. 혹은 과목별로 다른 분위기가 있을 수도 있다. 결국 사람이 하는 일이라서 어떤 사람이 있느냐에 따라 상황은 달라질 수 있으니 너무 염려하지 않았으면 좋겠다.

그리고 선배 교사가 되었을 때, 그동안 아쉬운 점이 있었다면 고쳐 나갔으면 좋겠다. 아쉽게도 나는 어찌 해보려고 해도 아직 한참 남아서 이 문화를 바꾸기는 쉽지 않을 듯하다. 피할 수 없으면 즐기고 적응해야 한다. 그게 생존 방식이니까. 나는 그동안 고군분투하며 잘 버텨왔다. 덕분에 능력치가 많이 올라가서 좋은 점도 있다.

이른 시기부터 많은 문항 수를 출제하면서 출제 실력이 올라갔다. 그래서 출제에 관심이 생겼고, 공식적인 자리에 지원해서 전국연합평가나 공무원 시험 등 다양한 출제 및 검토위원으로 활동할 기회를 얻을 수 있었다. 덕분에 시험 문제 오류도 거의 최소화해서 큰일(재시험 등)이 일어난 적도 없다. 물론 매번 출제 이후에 가슴 졸이며 살고는 있지만, 그동안 쌓은 실력을 바탕으로 충분히 예방할 수 있다고 믿는다.

30년 동안 막내라니, 힘든 점이 없다면 거짓말이다. 그렇다. 나도 수업 배려 받고 싶다. 그런데 어쩌겠는가. 절이 싫으면 중이 떠나야 하는데, 그럴 수 없으니 현실을 받아들여야지. 대신 많이 힘들지만 그만큼 크게 성장할 수 있는 점도 있다. 내가 그동안 적당히 수업하고 적당히 업무하면서 살아왔다면 지금의 나는 없을 거라고 생각한다. 그만큼 힘들었고, 성장했고, 발전했기에 이렇게 책을 쓸 기회를 얻었다고 믿는다.

군대에서 이런 말이 있다. 가장 힘든 보직이 뭘까? 정답은 바로 '내가 맡은 보직'이다. 다른 사람들은 내가 맡은 일을 정확히 이해하거나 공감하지 못하기 때문에 내가 맡은 일이 가장 힘들다. 누구나 그렇다. 어차피 다 힘든 상황이니 부정적인 생각보다는 긍정적으로 생각하고, 다음 단계로 나아가는 발판을 만드는 시간이라 생각하길 바란다. 분명 더 나은 미래가 기다리고 있을 것이다.

도난 사고
예방하는
확실한 대처법

 신영환

학교에서 교사로 근무하면서 경험할 수 있는 당황스러운 일은 도난 사고다. 다행히도 나는 미리 예방 주사를 맞아서 단 한 번도 경험하지 않았다. 비결은 이 글의 마지막에 적었다. 내 주변에 있었던 사건을 중심으로 얼마나 난처한 상황이 벌어지는지 알려 드릴까 한다. 신규교사가 아니더라도 충분히 누구나 겪을 수 있는 일이다.

한 지인 선생님은 공립 학교에서 근무하며 신규 2년 차에 바로 담임 교사가 되었다. 역시 공립 학교는 신규 선생님들에게 곧바로 담임 교사를 시키는 경향이 있다. 근무했던 학교는 특성화고등학교인데, 하루도 사고 없이 지나가는 날이 없었다고 한다. 왕따 사건,

정신과 치료를 받는 아이의 자살 소동으로 경찰서에 간 사건 등 어마무시한 일들이 있었다.

학교마다 다르지만, 휴대폰을 걷었다가 다시 하교할 때 돌려주는 학교가 있다. 지인 선생님이 근무했던 학교도 그런 시스템이었다. 도난을 방지하고자 매번 무거운 휴대폰이 있는 가방을 종례할 때마다 교실로 직접 들고 갔는데, 딱 하루! 다른 선생님과 급한 회의를 하느라 반장에게 맡겼다고 한다. 역시 사고는 루틴을 깰 때 발생한다.

회의를 끝내고 교실로 갔더니 한 아이가 씩씩거리고 있었다. 무슨 일이냐고 물으니 자기 휴대폰이 사라졌다고 난리를 쳤다. 휴대폰 수거 가방에 잘 있던 휴대폰이 어디 가진 않을 테니 잘 찾아보라고 하고 교실을 살폈다. 근데 아무리 찾아봐도 휴대폰이 나오질 않았다. 결국 그렇게 휴대폰 분실 사고가 발생했다.

학년 부장님께 말하고, 학생부에도 보고해서 교실에서 학생들에게 동의를 구하고 소지품 검사를 했다. 그런데 정말 휴대폰은 나오지 않았다. 귀신이 곡할 노릇이었다. 반장이 휴대폰 수거 가방을 교무실에서 교실에 들고 와서 나누어 줄 때 바로 들어왔는데 휴대폰이 사라진다는 건 말도 안 되는 일이다.

학급 아이들과 논의 끝에 분실 책임이 있는 담임 교사와 반장이 반반 나눠서 휴대폰을 사주기로 했다. 스마트폰이라서 각각 40만

원씩 내야 했다. 물론 반장의 반발이 컸지만, 부모님과 상의해서 그렇게 최종 결정을 내렸다. 사실 그 선생님은 심증은 있는데 물증이 없어서 어찌할 수 없었다고 한다.

참고로 휴대폰 잃어버린 학생은 반장이 매우 싫어하는 학생이었다. 평소에 상담하면서 서로 사이가 안 좋았다는 건 알고 있었다. 그래서 휴대폰 가방을 교실로 들고 가는 도중에 자기가 싫어하는 친구의 휴대폰을 어딘가 숨겨두고 돌려주지 않은 게 아닌가 추측했다. 하지만 물증이 없으니 끝까지 잡아낼 수는 없었다.

그렇게 신규교사 2년 차에 큰 홍역을 치르고 강한 마음을 먹기로 했다. 다음과 같이 학급 학생들에게 선포했다.

"금일부터 물건이 분실되면 모두 본인 책임입니다! 귀중품이 있으면 선생님이 맡아 줄 테니 교무실에 와서 꼭 맡기고 가세요! 그렇지 않은 경우라면 다시 한번 강조하지만, 분실 시 본인 책임! 알겠죠?"

정말 다행히도 그 이후에는 분실 사건이 발생하지 않았다. 이 사건을 자세히 들었던 나로서는 담임 교사가 되었을 때 첫날부터 학생들에게 학급 규칙으로 선포했다. 귀중품이나 개인 물건 분실 시 우리 반은 본인 책임으로 하겠다고. 사물함을 꼭 잠그고, 귀중품이 있으면 나에게 꼭 맡기라고 했다. 언제든 맡아줄 의향이 있으니 그렇게 하라고 했다. 그 뒤로 4년간 연속으로 담임 교사를 했는데 이

규칙은 제대로 통했다.

다른 여러 반에서는 분실 사건이 연속으로 일어나서 학교 차원에서 조치를 취할 때 우리 반은 매우 조용히 지나갈 수 있었다. 그때 도벽이 있었던 한 학생이 여러 반의 귀중품과 돈을 털어가서 난리가 났다. 우리 반 아이들은 사물함을 잘 잠그고 다녔고, 액수가 큰 경우엔 나에게 맡겼다. 나는 아이들이 맡긴 물건을 이중 시건장치가 된 책상 서랍에 잘 보관해 두었다.

결국 꼬리가 길었던 도벽 학생은 붙잡혔고, 스스로 다른 학교로 전학 가면서 연쇄 도난 사건은 일단락되었다. 그런데 물증이 있는 한 건에 대해서만 보상하고 나머지는 물증이 없어서 다른 학생들은 보상을 받을 수 없었다.

사실 우리 학교뿐만 아니라 다른 학교에 근무할 때도 여러 도난 사건이 있었다. 그때마다 기가 막히게도 훔친 학생은 그 물건을 들키지 않게 숨겨둬서 사건이 해결되지 않은 채 마무리되었다.

학교에서 도난 사건은 정말 해결하기 어려운 문제 중 하나다. 그러니 신중하게 고민해볼 필요가 있다. 담임 교사가 아니더라도 이동 수업 시간에 충분히 발생할 수 있는 일이기 때문이다. 범죄는 적발보다 예방이라는 말이 정말 옳다고 생각하기에 확실한 예방법을 전하고 싶다. 학생들과 만나는 첫 시간에 꼭 분실에 대해서 규칙을 정하라고 말이다. 치사해 보일 수도 있지만, 현실적으로 큰 도움이 되는 방법이기도 하다.

엎질러진 물은 두 번 다시 주워 담을 수 없다. 가장 중요한 건 사건이 발생하기 전에 예방하는 게 최선이다. 도난 사건뿐만 아니라, 왕따 사건, 학교폭력 사건, 시험 부정행위 등 미리 여러 장치를 마련해서 예방할 방법을 찾는 게 좋다. 실제 평가 관련 연수를 할 때마다 시험 감독을 설 때는 적발이 아니라 부정행위를 하지 않도록 순회하면서 예방 조치에 힘써 달라고 한다.

학교도 사람이 살아가는 곳이라 다를 게 없다. 우리가 세심하게 신경 쓰고 지켜보면 분명 문제를 예방할 수 있다. 대부분 '관계'에서 출발하는 경우가 많기에 이 부분을 놓치지 않았으면 좋겠다. 추정이기는 하지만 휴대폰 분실 사건도 결국에는 교우 관계에서 시작된 게 아닌가 싶다.

그렇다고 너무 걱정만 하지는 않길 바란다. 주변에 도와줄 선배나 동료 선생님들이 계시니 고민이 있으면 털어놓고 조언을 구하면 된다. 분명 현명한 답을 주실 것이다. 이 책의 사례들도 조금이나마 도움이 되길 바라는 마음에 전하는 것이다. 많은 선생님이 같은 마음이시리라 믿는다.

절대 잊히지 않을
첫 수업의 쓴맛

 시간이 꽤 흘렀지만, 첫 수업만큼은 오래 기억에서 지워지지 않는 것 같아요. 선생님의 첫 수업은 어떠셨어요?

긴장한 모습을 보이지 않으려고 첫 수업 시간부터 연기를 했어요. 알 없는 까만 뿔테 안경을 쓰고 다른 캐릭터로 등장해서 수업을 진행했죠. 다행히 학생들에게는 들키지 않았지만, 속으로는 벌벌 떨면서 수업했던 것 같아요. 어떻게든 수업을 망치지 않으려고 다섯 번 넘게 리허설을 하고 들어갔던 기억이 나요. 물론 실전에서는 생각했던 것처럼 되지는 않아서 여러 번 당황하기도 했죠. 사실 수업 시간이 끝나고 나서는 내가 뭘 했는지 기억이 나지 않았어요. 한 마디로 너무 정신이 없었던 거죠.
선생님의 첫 수업은 어땠나요?

저 역시도 첫 수업은 결코 잊을 수 없는 기억이에요. 그런데 잊을 수 없는 이유가 너무 망한 수업이었기 때문이란 건 좀 슬프네요(웃음). 선생님도 아시다시피 저는 중간 발령자였지요. 1학기에 이미 계시던 선생님의 자리를 이어받아 2학기부터 수업을 하게 되었어요. 그래서 더 부담되었던 것 같아요. '잘해야 본전이겠다'라는 생각이었죠. 어떻게 하든 비교되기 쉬운 환경이니까 더 긴장감이 커진 것 같아요.

저는 고3 학생을 가르치는 거라 더 긴장했던 것 같아요. 중요한 시기의 학생들을 내가 잘못 가르치면 어떻게 하나 고민의 연속이었죠. 교사를 하기 전에 과외도 하고 영어 가르치는 일을 오래 했는데도 또 교사로서는 책임감이 다르게 느껴지더라고요. 내가 가르친 내용이 시험에 나오니까 오류를 최소화하고 싶었죠. 대신 그런 고민 덕분에 많이 성장한 것 같아요.
선생님은 첫 수업 때 몇 학년을 가르치셨나요?

중학교 1학년 친구들과의 수업이었죠. 영어 수업의 흐름은 대부분 비슷하니, 첫 수업은 단어 수업이었어요. 교생 실습 때 수업을 몇 번 해보기도 했고, 임용을 준비하며 수업 실연을 수없이 연습했지만 현실에 닥치니 당장 무슨 준비부터 시작해야 할지 막막하더라고요. 그래서 대학교 발표 수업을 준비하는 마음으로 했어요. 대학교 발표 수업의 꽃은 PPT니까, 멋들어진 디자인과 화려한 애니메이션 효과를 넣은 PPT를 만들었죠. 기승전결이 딱 맞게 떨어지는 완벽한 자료였어요. 분명 완벽한 준비였는데, 학생들 반응은 뜨뜻미지근했어요. 몇 친구는 지루함을 견디지 못했던 것 같아요. 화려한 겉포장과는 달리 속 알맹이 없이 잘못 설계된 수업이었거든요.

 예상과 다른 반응에 무척 당황하셨겠어요. 수업을 처음 하는 선생님들께 응원의 말씀 해주실 수 있을까요?

어쨌든 첫 수업의 쓴맛을 경험하고는 여러 방면으로 노력하다 보니 지금이 된 것 같아요. 처음엔 그저 서툴기만 했는데, 이제는 어느 정도 학생들이 어떤 수업을 기대하고 좋아하는지 조금은 알 것 같거든요. 지금은 학생들이 수업이 끝나면 "벌써?"라고 하고, 영어 시간이 제일 기다려진다는 말을 해주는 걸 보면 그래도 꽤 많이 발전한 거겠죠? 그래서 선생님들께는 "처음부터 잘할 수는 없다"는 말을 전하고 싶어요. 아마 수업의 고수로 불리는 선생님들께서도 첫 수업부터 완벽하지는 않았을 거예요. 그러니 부담감은 내려두고, 오히려 부딪혀 보겠다는 마음으로 임하시면 좋겠어요. 완벽하지 않아도, 서툴러도 우리 학생들은 선생님의 있는 그대로의 모습을 받아줄 테니까요!

2장

선생님, 오늘은 안녕하신가요?

3~4년 차,
이제 진짜 시작이다

나,
더는 뚝딱거리지
않는구나?

 기나현

교직에서 첫 1년에서 3년까지의 시간을 코찔찔이 시절로 기억한다. 한 해도 거르지 않고 해마다 교무실에서 울던 시절이었다. 이유는 저마다 달랐다. 쉴 틈 없이 사고 치는 아이들 때문인 적도 있고, 고래고래 소리치던 학부모님이 무서워 운 적도 있었다. 이유야 어찌 됐건 우여곡절이 많았다. 내가 정말 잘하고 있는 걸까 하는 의구심을 품기도 했다.

격동의 3년이 지나고, 4년 차가 되던 해에 나는 첫 학교를 떠났다. 만기를 채운 것은 아니었지만, 차가 많은 날이면 1시간 반 가까이 걸리던 출근길을 더는 견디기 힘들어서였다. 지각할까 봐 매일 불안해하던 마음에서 벗어나고 싶은 게 가장 큰 이유였다.

그렇게 집 근처의 학교로 새로 발령받고는 첫 학교에서의 묵은 짐을 정리했다. 3년의 울고 웃던 추억도 함께 정리하며 마치 '신규' 딱지를 떼어내는 것만 같은 기분을 느꼈다. 첫 학교의 선생님들도 장난식으로 이렇게 말씀하시곤 했다.

"첫 학교를 떠나는 순간, 너는 더 이상 신규가 아니다."

장난 반으로 겁주던 그 말씀을 마음에 새기면서, 어리숙한 코찔찔이 교사의 모습은 이곳에 두고 가자는 다짐을 품고는 학교를 떠났다.

새로운 둥지에서 4년 차 교사가 된 나는 처음으로 느꼈다. '나, 더는 뚝딱거리지 않는구나?' 1년 차보다 2년 차에 더 괜찮아졌고, 2년 차보다 3년 차가 훨씬 더 수월한 느낌이었지만, 여전히 모르는 일투성이였고, 아직은 부족한 게 더 많다는 느낌이었다. 그런데 4년 차쯤부터는 1년의 그림이 어느 정도 그려졌고, 익숙하지 않은 일보다 익숙한 일들이 더 많아졌다. 처음에는 쩔쩔매던 결재라인도 기안문 작성도 혼자서 척척 처리할 수 있게 됐다. 수업, 학급운영, 업무 모든 곳에서 제법 적응했다.

수업에서 가장 크게 실감했던 변화는 내가 더 이상 하루살이가 아니라는 점이었다. 3년 차까지는 그간 해온 수업이랄 게 없었기 때문에 모두 새롭게 만들어야 한다는 사실이 부담스러웠다. 학습지 틀도, 수행평가 양식도, 모둠 활동과 복습게임까지도 전부 새로 만

들어야 했다. 워낙 만들 것이 많았기 때문에 공강 시간이면 수업 개발에 거의 모든 시간을 쏟을 수밖에는 없었다. 요령도 없던 때라 지금보다 시간이 배로 걸렸다.

하지만 4년 차가 되면서부터 지난 3년 동안 축적한 나만의 수업 자료를 활용할 수 있게 되었다. 학년이 달라져도, 교과서가 바뀌어도 나의 데이터베이스 안에서 자료를 일부 변형하여 쓸 수 있었다. 같은 수업도 해를 거듭해 반복하면서, 나름의 문제를 찾고 그것을 수정해 더 나은 방향으로 진행하는 경험도 했다.

또 다른 변화는 나만의 수업 루틴이 생긴 점이었다. 1년 차에서 3년 차까지의 수업은 도전적이고 통통 튀지만 왠지 모르게 중구난방인 느낌도 있었다. 재미있고 흥미를 자극하는 형식의 수업에만 초점을 맞추다 보니 학생들이 나의 수업을 통해 무엇을 얻어갈 것인가에 대한 고민이 부족했다. 어딘가 산만하고, 수업 간의 연결성도 부족했다.

하지만 4년 차부터는 일정한 흐름을 유지하며 수업을 이끌어 가보려 했다. 초반의 짧은 흥미 유발 시간을 지나, 적절한 강의식 설명을 보태고, 간단한 모둠 활동이나 게임으로 복습하는 흐름이었다. 수업 루틴은 수업에 안정감을 가져다주었고, 그로 인해 작은 자신감도 피어올랐다.

학급운영의 측면에서 4년 차에는 나만의 스타일을 찾았다고 말할 수 있다. 누군가를 따라 하느라 어색함만 가득한 모습이 아니었다. 3년 차까지는 미어캣처럼 옆자리 선배 선생님들을 스캔했다. 학생들을 지도하는 모습, 학부모님과 통화하는 모습을 파티션 사이로 엿보고 엿들으면서, 그야말로 선배 선생님들의 어깨너머로 배워 가는 때였다. 그렇게 3년을 따라 하다 보니 자연스레 여러 선생님의 모습을 내게 맞게 변형할 수 있었다. 내게 맞지 않은 것은 빼고, 내게 맞는 것은 두고, 더할 것은 더하면서 나만의 학급운영 스타일을 만들어 갔다.

나의 결론은 친절한 카리스마를 갖고, 학급 아이들을 대하는 것이었다. 냉정과 열정 사이 어딘가에 있는 느낌이었다. 처음 발령받으면 모두가 불타는 열정을 갖고 있지 않은가. 그렇지만 때로는 열정이 너무 과하면 그 뜨거움에 내가 다칠 수도 있다. 신규의 불타는 열정이 오히려 상처로 돌아옴을 느끼면서, 열정만이 정답은 아니라는 것을 깨달았다. 그래서 4년 차부터는 친절을 기본 바탕으로 가되 냉정해져야 하는 순간에는 이성적으로 학생들을 대하려 노력했고, 지금까지 그렇게 하고 있다.

4년 차로 거듭나면서 업무에 대한 자신감이 가장 커졌다. 1년 차에 학생자치 업무, 2년 차에 평가계 업무, 3년 차에 학년계 업무를 하면서 어떤 일이든 못 배울 일은 없고, 모든 일이든 닥치면 하게 될 수밖에 없다는 깨달음을 얻었다. 그리고 이 깨달음과 함께 새로운 학교로 가게 된 것이었다. 발령받고 처음으로 간 자리에서 업무희망원을 받아 들고는 이렇게 적었다.

"어떤 일이든 괜찮습니다. 뭐든 열심히 하겠습니다."

잘 보이려는 마음보다는 그때의 진심이었다. 뭐든 배우면 할 수 있겠다는 자신감과 지금이 아니면 배우는 것에 게을러질 수도 있겠다는 걱정도 함께였다.

그렇게 4년 차에 혁신 학교의 혁신계 업무를 맡았다. 전문적 학습공동체, 공개수업, 대토론회 등 굵직한 일들을 많아 힘든 업무였지만, 일단 배우자는 마음가짐으로 다가갔다. 인수인계 파일들을 훑고는, 전임자 선생님의 이전 해 1년 치 기안 문서들을 모두 찾아보았다. 그리고 그 목록을 출력해서 1년의 큰 흐름을 먼저 파악했다. 기안 문서 목록을 바탕으로 해서 교무수첩과 달력에 월별 계획을 대략 적어두었고, 내가 해야 할 일을 놓치지 않으려 했다. 전에는 그렇게나 어렵던 업무 적응이 4년 차에는 비교적 쉽게 느껴졌다.

4년 차 정도가 되면 누구나 스스로 교사로서 꽤 성장한 걸 느낄 수 있다. 마침내 진짜 교사가 된 것 같았다. 이제 진짜 시작이라는 생각에 두근대던 순간이다. 또 한 번 출발선에 선 것 같은 기분, 이제 또 어떤 일들이 펼쳐질까?

매 순간
그냥 막 짜증이

 기나현

임용 시험 결과를 기다리면서 매일같이 다짐했다. 붙여만 준다면 정말 열심히 하는 교사가 될 거라고, 매너리즘에 빠지지도 않고 열정을 불태우는 교사가 될 거라고. 그런 굳은 다짐으로 합격을 거머쥐었다. 그러자 삶이 마치 180도 바뀐 것처럼 느껴지고, 감사한 것들이 넘치는 일상이 이어졌다. 꽃길을 걷는 듯했다. 학교에서 하는 모든 일이 즐겁고 학교 가는 발걸음이 가벼웠다.

지금 와서는 어떻게 그런 생각을 했는지 의아하지만, 당시에는 교직원 회의 시간조차 기다려졌다. 교직원 회의라는 이름 때문이었다. '내가 교직원이라니!' 하는 생각에, 딱딱한 회의 중 나만 싱글벙글한 표정이었다. 누가 선생님이라고만 불러도 기쁨에 취하고, 교무수첩만 봐도, 교무실에만 들어가도 가슴이 콩닥거리던 때였다.

처음 야근하던 날도 생각난다. 선배 선생님을 따라 행정실로 가 초과근무를 위한 지문 등록 절차를 밟았다. 초과근무를 마치고 '여고괴담'이 떠오르는 깜깜한 복도를 지나 지문을 찍으면서 신기하다며 "우와우와"했다.

전학공(전문적 학습 공동체)이 있는 날은 그 즐거움이 배가 되었다. 2차 면접을 준비하면서 알게 되었던 학교 일들을 실제 경험하는 날이었으니 말이다. 공개수업과 수업나눔, 대토론회가 어떻게 진행되는지를 두 눈으로 관찰하고 내가 그 일원으로서 목소리를 낼 수 있다는 것이 신기했다.

매 순간이 배움이었고 그 과정을 진정으로 즐겼다. 심지어는 주말에 연수를 신청해 다니기도 했다. 동료 선생님들은 깜짝 놀라며 어떻게 주말까지 연수를 들을 수 있냐고 말씀하셨다. 당찬 신규교사의 열정은 주말까지 식을 줄 몰랐다.

그런데 언젠가부터 그 감사함이 감쪽같이 사라졌다. 매 순간이 감사했는데, 어느샌가 매 순간이 짜증 나기 시작했다. 가장 큰 변화는 "왜?"라는 질문을 많이 하게 된 것이었다. 회의 시간만 되면 표정이 일그러졌다. 책을 한 권만 읽은 놈이 가장 무섭다고 하지 않는가. 내가 딱 그랬다. 고작 몇 년 되지 않은 경력으로, 내가 조금 아는 학교 지식을 갖고 비교하기 시작했다.

"왜 이렇게 하는 거야? 전에는 안 이랬는데."

이게 나의 단골 멘트였다. 학교를 옮기고는 더 심해졌다. 이전 학교에서 했던 방식이 모두 정답이고, 그래야만 하는 것처럼 바뀐 학교의 일 처리를 문제 삼았다. 이전 학교와 처리 방식이 조금이라도 다르면 일단 거부감을 가진 것이었다.

변화는 회의에서만이 아니었다. 초과근무라도 하게 되는 날이면, 하루 종일 푸념을 늘어놓았다. "누가 교사 워라밸이 좋다고 했어!" 소리치며 투덜댔다. 전학공이 더는 기다려지지 않았다. '안 그래도 바빠 죽겠는데, 왜 이런 것까지 해야 해?' 하는 생각이 머릿속에 가득 찼다. 무거운 발걸음으로 전학공 모임에 가서는 교무수첩을 들척이며 당장 해야 할 업무를 떠올리고 연수에는 집중하지 못했다.

설렘 가득 병아리 교사가 고작 몇 년 새 투덜이 프로불평러 교사가 되어 있었다. 그 무렵 1정 연수에 갔다. 1정 연수를 듣다 보니 자연스레 신규 연수 때의 기억이 떠올랐다. 경기교육 기본 정책을 달달 외우며 앞으로 펼쳐질 일들을 마냥 기대하던 그때와 사뭇 달라진 내 모습이 보였다. 작은 일에도 얼굴을 붉히고, 감사함을 잊은 내 모습이 부끄러웠다.

초심으로 돌아가자, 학교 현장에 있을 수 있는 것만으로 감사하던 그때 마음으로 돌아가자는 결심을 세웠다. 지치고 힘들 때면 가끔 불만스러운 마음이 피어오르기도 한다. 그래도 지금은 프로 불평러의 모습을 많이 떨쳐낸 것 같다. 업무 폭탄에 숨 막히는 나날에도 '그래도 감사하다'는 마음을 지녀보려 한다. 내가 좋아하는 일을 하고 있고, 나를 사랑해 주는 학생들이 있고, 믿고 의지할 수 있는 동료 선생님들이 있다는 사실만으로도 행복한 삶을 살고 있는 거니까.

선생님들도 어쩌면 '내가 너무 불만이 많은 건 아닐까? 지나치게 투덜대는 건 아닐까?' 하는 생각이 있을지도 모르겠다. 물론 그 마음도 충분히 이해한다. 얼마나 우리의 일들이 고되고 지치면 그럴까. 그렇지만 선생님들께서 처음의 마음을 기억했으면 한다. 처음 아이들 앞에 선 날의 떨리는 감정, 처음 학생으로부터 사랑한다는 말을 듣고 벅차던 마음을 떠올리면 어떨까. 그러면 이 불만과 짜증도 조금은 씻겨지지 않을까?

저도
할 말 있습니다!

 기나현

병아리 교사를 갓 벗어나 4년 차가 되자 학교에서 불편한 일들이 점차 많아지기 시작했다. 신규 발령지는 보수적인 지역에 있다 보니 학교에 목소리를 내는 선생님들이 거의 없었다. 정말 부당한 일이 있다고 하더라도, 모두 참고 버티자는 마음인 분들이 많았다. "이의 있으신가요?"라는 질문에 "그렇다"고 말하는 선생님들을 본 기억이 없다.

경력이 많은 부장 선생님들까지도 이 정도면 민주적인 학교라며 말씀하시기에 정말 그렇다고 믿었다. 회의 시간에 아무도 손들지 않고, 그 누구도 싸우지 않는 게 당연히 여겨졌다. 그런 분위기 속에서는 진짜 문제도 문제처럼 생각되지 않았고, 특히나 젊은 교사가 손을 들어 자기 의견을 강하게 말하는 것은 상상할 수도 없는 일이었다.

그런데 학교를 옮기고 보니 정반대의 세상이 펼쳐졌다. 신학기 워크숍부터 격전이 펼쳐지기도 했다. 회의 시간에 교장, 교감 선생님을 향해 자유롭게 자기 의견을 말하는 선생님이 꽤 많았다. 자신의 이득만을 위해 의견을 내기보다는, 정말 우리 학교를 향한 애정이 묻어났다. 충격이었다. 나이와 경력을 떠나 손들고 말할 수 있다는 그 자체가 말이다.

그리고 또 마침 나는 학교 일을 하나둘 알게 된 4년 차였다. 업무 흐름도 조금씩 파악하고, 부서마다 어떤 일을 하는지도 구분 지어 이해하고 있었다. 그러니 내게도 학교의 불편한 일들이 보였다. 학교의 회의 문화까지 자유롭게 바뀌었으니, 물 만난 고기가 된 셈이었다.

새 학교에서의 가장 큰 문제는 업무의 경계가 모호하다는 점이었다. 혁신학교다 보니 학년부 중심으로 학교의 일이 굴러가고, 각종 학교 행사가 진행됐다. 그러다 보니 문제가 생겼다. 졸업도, 축제도, 체육대회도 모두 학년부의 일인 것처럼 보였다.

담임 선생님들 사이에서 불만이 터져 나왔다. 일이 많아서 하기 싫다는 게 아니라, 일할 당위성을 찾지 못하는 경우가 많았다. 졸업도, 축제도, 체육대회도 분명 해당 업무를 맡은 선생님이 있었지만,

100   선생님, 오늘은 안녕하신가요?

혁신학교라는 이름 아래에서 그 일들을 학년부 소속 담임 선생님들이 하고 있었다. 그런데 담임 선생님들도 담임 업무 외에도 다른 고유 업무가 있었으니, 당연한 불만이 쏟아져 나온 것이었다.

이전 학교였다면 아마 아무도 말하지 못했을 거다. 뒤에서는 툴툴대더라도 아무도 용기를 내어 관리자에게 말하지 않았을 테고 나도 마찬가지였을 거다. 하지만 새 학교에서는 달랐다. 손들 용기가 생기고야 말았다.

아무래도 처음은 떨릴 수밖에 없다. 약간 떨리는 목소리로 담임 선생님들을 대변하는 이야기를 했다. 담임 선생님들이 모든 행사의 중심인 것이 우리 학교에서는 늘 그렇게 해왔던 문화라지만, 변화가 필요하다는 목소리를 냈다. 그리고 놀랍게도 많은 선생님이 공감해 주셨다. 심지어 부장 선생님들까지도 나의 의견에 귀 기울여 주셨다. 그 뒤로 정말 시스템이 바뀌었다. 축제 업무를 맡은 선생님을 중심으로 축제가 꾸려지고 진행되었다. 내 목소리를 낼 수 있고, 그것을 실제 행동으로 옮길 수 있는 동료 선생님들이 계셔서 든든했다.

학교에서는 학폭 가산점을 두고도 많은 갈등이 빚어진다. 내가 있던 학교도 마찬가지였다. 나는 학교폭력 예방과 해결을 위해 가장 많이 힘쓰는 것은 그 일의 최전선에 있는 담임 선생님들이라고 본다. 물론 중대한 업무를 맡으신 부장님들께서도 각종 업무로 인해 바쁘신 게 맞다. 단, 학폭 가산점은 말 그대로 학교폭력 예방과 해결을 위해 힘쓴 교원에게 주는 가산점이다. 그러면 그 일에 기여한 사람이 가산점을 받아야 합당한데, 우리 학교의 점수 기준을 살펴보니 담임 교사에게 오히려 불리한 구조였다. 업무 부장님들이 저경력 담임 교사를 이기고 가산점을 받기도 했다.

문제는 교내 생활지도와 교외 생활지도를 구분 지은 것이었다. 교내 생활지도는 공문상 전체 교사가 하는 것으로 되어 있었고, 교외 생활지도는 승진에 관심이 있던 몇몇 부장님들이 방과 후 시간을 활용해 학교 근처를 순회하는 일이었다. 수고로운 일을 해주시는 건 맞다. 그렇지만 방과 후도 학생들 지도에 바쁜 담임 선생님들은 교외 생활지도에 자원할 수조차 없었다. 그렇게 모든 담임 선생님들은 교외 생활지도 점수를 최하로 받게 된다. 교외로 나가지 않아도 종일 누구보다 가까이서 아이들을 지도하는 담임 선생님들이 가장 낮은 생활지도 점수를 받는다? 이건 문제였다. 그렇게 또 손을 들었다.

"부장 선생님들의 노고를 물론 알고 있습니다. 그런데도 이 점수 기준만큼은 부당하다고 생각합니다. 우리 학교에 근무하시는 담임 선생님 중 그 누구도 생활지도를 소홀히 하지 않으십니다. 잠깐 쉴 시간까지도 반납하시고는 쉬는 시간, 점심시간에 아이들과 시간을 보내세요. 그런데 그런 분들이 자원해서 교외 생활지도를 하지 않았다고 해서 생활지도 점수에 감점이 생긴다면, 정말 억울하고 사기가 꺾이지는 않을까요."

담임 선생님들의 편에서 이야기하는 것이 어찌 보면 누군가를 향한 공격일 수 있어 무척 조심스러웠다. 말을 하고도 무례한 발언이지는 않았을까 노심초사였다. 그런데 회의가 끝나고 몇몇 담임 선생님들께서 나를 찾아오셨다. 예의를 갖추면서도 날카롭게 문제점을 잘 지적해 주셨다고, 나도 같은 의견이었다는 말을 해주셨다. 결국 나와 몇몇 선생님들의 의견이 반영되어 서로의 노고를 인정하는 점수 기준안으로 바뀌었다.

나는 고작 몇 년 사이 참 많이 변했다. 그냥 그런 것으로 넘길 수도 있는 학교의 크고 작은 일에 자꾸만 이의를 제기하는 나의 행동에 불편함을 느끼는 선생님들도 계실지 모른다. 그렇지만 나는 이런 불편한 대화가 학교 운영을 위해 꼭 필요하다는 생각이다. 나의 일을 미루기 위해 내뱉는 툴툴거림이 아니니 말이다. 우리는 내 몫을 다 해내면서, 잘못된 일들을 잘못되었다고 말할 수 있어야 한다. 교사의 입장에서는 계속 일하고 싶은 학교, 아이들의 입장에서는 떠나기 아쉬운 좋은 학교가 되려면 그런 말들이 꼭 필요할 테니 말이다. 변화의 시작을 위한 불씨는 우리 손에 이미 쥐어져 있음을 잊지 말자.

연수생인데,
강사입니다?

 기나현

1정 연수를 받고 나면 마치 수습 기간이 끝난 것 같다. 나라에서 "이제는 당신이 진짜 교사가 되었습니다. 땅, 땅, 땅!" 하고 인정해 주는 듯하다. 친한 교사 친구들과도 "나는 2정이라는 겸상 안 한다"고 장난을 칠 만큼, 2급 정교사에서 1급 정교사가 되는 건 큰 의미로 다가온다. 호봉이 오르고 보직교사가 될 자격이 주어지기도 하며, 무엇보다 어느 정도 경력이 찼다는 기준이 된다. 더는 신규나 저경력 교사로 분류되지 않으니 말이다.

나는 가을 발령이라 같은 해에 합격한 동기들보다 한 해 늦게 1정 연수를 받게 되었다. 1정 연수를 받을 무렵 만 4년 정도의 경력이었고, 5번째 담임 반을 맡고 있었다. 더 이상 신규 티가 나지 않을 때다. 학교 일에 익숙하고, 학교 안 위원회도 여럿 맡고 있을 때였다. 1정 연수를 받고 나면 정말 더는 어리광을 피울 수 없을 것만 같은 기분이었다. 그래서인지 설렘 반, 아쉬움 반으로 1정 연수를 받았다.

나는 수업 개발을 목적으로 인스타그램을 적극적으로 운영했다. 처음에는 혼자 보는 포트폴리오처럼 사용했는데, 몇 번 알고리즘을 타더니 갑자기 인스타그램 팔로워가 급증했다. 내가 만든 수업을 향한 관심이 커지다 보니, 예상치 못한 곳에서 나를 찾아주기도 했다. 지금 생각하면 코로나 시기와 적절히 때가 맞물렸던 것 같다. 원격 수업으로 전환되며 온라인 수업을 주제로 한 강연에 대한 수요가 커졌고, 온라인 수업 도구를 잘 다루는 나와 같은 젊은 교사들에게 연수 기회가 찾아온 것이었다.

그렇게 5년 차부터 서서히 나를 찾아주는 곳에서 강연을 하기 시작했다. 돈으로는 살 수 없는 값진 경험이었다. 나보다 연차가 높으신 선생님들을 대상으로 나의 수업을 나눈다는 것이 벅차면서도 나에게도 하나의 배움이 되는 시간이었다.

강연 경험이 하나둘 쌓이면서 기회들이 조금씩 이어지다 보니, 내가 1정 연수 받던 그해에 다른 교육청의 1정 연수 강사로 초대받게 되었다. 1정 연수생이자 동시에 강사라니! 느낌이 이상했다. 꽉 찬 일정으로 채워진 여름이 다가와서 걱정도 됐지만, 한편으로는 오랜만에 학생의 입장에서 수업을 듣는다는 묘한 설렘도 있었다.

1정 연수는 신규 연수와는 확실히 다른 느낌이 있었다. 신규 때는 마냥 행복하고, 인생이 마치 장밋빛으로 물든 듯이 아름답게만 보이니까 연수생들 사이에 미소가 가득이다. 그런데 1정 연수는 어느 정도 학교 때(?)를 묻히고 와서인지 색달랐다. 각자의 고민을 얼굴에 품은 듯했다.

비슷한 연차의 선생님들끼리 나누는 고민은 사실 비슷하다. 학교 권태기, 학부모 민원, 말썽꾸러기 학생들. 다른 듯 닮은 서로의 고민을 소탈하게 나누는 소중한 경험이었다. 나만 별나게 느끼는 감정이 아니라는 생각에 안심이 되기도 했다. 쉴 새 없이 쏟아지는 수업과, 과제와 토론에 1정 연수가 절대 쉽지만은 않다는 생각이었지만, 그래도 좋은 기억으로 남았다.

1정 연수 강사로서는 내게 주어진 멋진 기회를 좋은 결과로 보답할 수 있도록 최선을 다했다. 강의가 끝나고는 감사하다고 말해 주시는 선생님들을 보며 엄청난 뿌듯함을 느꼈다.

1정 연수를 받고, 1정 연수 강의를 나갔던 그 방학이 끝날 무렵에는 이런 생각이 들었다. 1정 연수생이면서 동시에 강사가 되는 경험을 하는 사람이 얼마나 될까? 내가 특별해서, 잘나서 그런 기회가 주어졌다고 생각하지는 않았다. 우연의 연속이 좋은 경험으로 이어졌다는 생각이었다. 우연히 쌤스타그램을 시작했고, 우연히 계정이 잘되었고, 우연히 나의 활동을 좋게 본 선생님으로부터 강연 제안을 받았고, 우연히 1정 연수 강사가 되었다.

　재밌게도 1정 연수를 들으면서 또 다른 우연이 찾아왔다. 워낙 말하는 걸 좋아하고, 대화에 공백이 생기는 것을 싫어하는 성격이라 1정 연수를 받는 중에도 쉴 새 없이 떠들었다. 손들고 발표하고, 궁금한 것이 있으면 질문하곤 했다. 교사 집단의 특성 때문인지 누구 하나 나서는 걸 싫어 한다. 그래서 비교적 말을 많이 하는 내가 도드라졌던 것 같다. 그게 연구사 님의 눈에 들었고, 바로 다음 해 신규 연수 강의 제안으로 이어졌다. 우연이 또 우연을 낳은 순간이었다.

　누구는 1정 연수가 우리의 소중한 방학을 빼앗아 간다고 말할지도 모른다. 하지만 나는 선생님들이 그 안에서의 모든 시간을 값진 경험으로 받아들이면 좋겠다. 그 시간이 어떤 기억으로 남고, 어떤 우연의 기회로 이어질지는 아무도 모르니 말이다!

90년대생이
학교에 온다?

 신영환

내가 정교사로 임용되자 나를 아끼는 선배 선생님께서 조언을 해주셨다.

"3년간 눈 닫고, 귀 닫고, 입 닫고 있어야 한다."

이유인즉 본인은 그렇게 하지 못해서 선배들과 갈등을 겪었다며, 신규교사는 이 자세를 갖추는 게 좋다고 했다. 그런데 나는 정교사 임용되었을 때 이미 5년 차 교사였다. 하지만 선배의 말을 가슴에 품고 따랐다.

수업을 더 많이 배정받아도, 업무를 더 하게 되어도 후배니까 참고 버텨내자고 생각했다. 선배들도 과거에 다 그렇게 했다니 특별히 할 말이 없었다. 3년만 참으면 좋은 날이 올 거라 믿었다.

하지만 올해 휴직하기 전 12년 차인 작년까지도 나는 그 조언을 따랐다. 이미 나는 웬만하면 부탁을 들어주는 사람으로 각인되어 바꿀 수가 없었다.

나는 누군가와 다투는 걸 지극히 싫어해서 평화주의를 선호했다. 게다가 기간제 교사 생활을 오래 경험해서 눈치를 많이 보게 되었다. '그냥 내가 조금 더 하고 말지' 하며 별 생각 없이 항상 할 일을 하고 있다. 손해 본다고 생각하면 억울하고 힘드니까, 차라리 베풀며 살면 복으로 돌아올 거라 생각한다.

80년대 초반에 태어난 나는 어떻게 보면 교직에서는 낀 세대가 아닌가 싶다. 선배들의 말은 잘 듣고, 후배들에게는 선배들이 한 것처럼 할 수 없는 중간에서 치이고 있기 때문이다. 겨우 세 살 차이 나는 선생님도 소신 있게 발언해서 놀랐다. 그런데 90년대생 선생님들은 사고방식 자체가 다르다. 사실 90년대생부터는 나에게 제자뻘이다. 그러니 세대 차이가 날 수밖에 없다.

꼭 그런 건 아니지만, 대부분은 90년대생들만의 사고방식과 문화를 갖고 있다. 이렇게 말하면 꼰대 같지만, 내가 우리 학교에 왔을 때는 매일 밤 8시 이전에 퇴근한 적이 거의 없었다. 그때 학교 문화 탓이기도 하지만, 어쨌든 개인보다 학교에서의 업무가 우선시되는 분위기였다. 하지만 지금은 퇴근 시간에 민감해진 것 같다.

MZ세대에 해당하는 90년대생 선생님들은 워라밸을 매우 중요하게 생각한다. 나는 중간에 낀 세대로서 충분히 그 사고방식을 존중한다. 하지만 부장님이 갑작스럽게 업무로 남아야 한다고 하거나 주말에도 손길이 필요하다고 하면 나는 대체로 가족의 동의를 구해 참여하려고 노력한다. 그동안 이렇게 해왔으니 이게 자연스럽다. 물론 나도 저녁이나 주말에 가족과 편하게 집에서 쉬고 싶다. 머리로 생각은 하지만 입 밖으로 생각을 내지 못할 뿐이다.

반면에 우리 90년대생 선생님들은 자신의 일정을 1순위로 생각한다. 물론 배우자나 자녀가 없는 경우가 대부분이니까 그럴 수 있다. 그래도 일정이 있어서 어렵다고 말하거나 난색을 표현하는 경우가 분명히 있다. 소신 있게 자기 생각을 말하는 모습이 멋져 보이기도 하고, 한편으로는 세상이 많이 변했다고 느끼기도 한다.

나도 자기 감정을 솔직하게 표현하는 게 좋은 점이 많다고 생각한다. 한번은 나보다 어린 선생님이 팀이 있는데도 업무를 혼자서 준비하다가 많이 힘들었는지, 교과 회의 시간에 전체 선생님 앞에서 너무 힘들다고 말하고는 눈물을 훔치며 밖으로 나갔다. 같은 업무를 담당하던 선생님 두 명이 급하게 따라 나갔다. 나머지 선생님들은 놀라서 말을 잇지 못했다.

울며 나간 선생님은 돌어와서 놀라게 해서 죄송하다며 사과했고, 다른 선생님들이 열심히 그 선생님을 도와서 해피엔딩으로 끝났다. 그때 나는 많이 후회했다. 왜 나는 힘들어도 힘들다고 말을 못 할까? 어쩌다가 이런 이미지가 된 걸까? 앞으로도 이렇게 살아가야만 하는 걸까?

내가 MZ세대니 90년대생이니 표현했지만, 사실은 개인 성향 차이가 더 크다고 생각한다. 분명한 건 학교생활을 3년 정도 하고, 1급 정교사 자격도 얻었다면 이제 정체성 확립이 필요한 시기라고 볼 수 있다. 신규교사에서 벗어나서 주도적으로 일할 수 있는 상황이 되었기 때문이다. 물론 학교마다 문화가 달라서 분위기는 봐야겠지만.

사실 내가 만나본 선생님 중에는 나랑 나이가 비슷한데도 개인의 삶이 더 중요한 분도 있었다. 나보다 나이가 적은데도 집단을 먼저 생각하는 사람도 봤다. 결론은 나이가 아니라 내가 어떤 사람으로, 어떤 교사로 학교생활을 할 것인지 정해야 한다는 것이다.

이 책을 읽는 사람이라면 조금은 마음을 넓게 썼으면 좋겠다는 작은 바람이 있다. 너의 것과 나의 것이 분명한 것도 좋지만, 같은 부서에 있으면 필요에 따라 서로 도울 수 있으면 좋겠다. 개인의 사정도 중요하지만, 내가 덜 하면 누군가는 부담을 질 수밖에 없다. 나도 초임교사 때는 내 앞가림하는 게 어렵고 힘들어서 다른 사람을 돌볼 여력이 없었다. 대신 도울 수 있는 일은 돕고, 야근할 때 내일을 했다.

이렇게까지 하라는 건 아니다. 다만 그래도 내가 여유가 있다면, 그때는 주변을 돌아보고 도울 수 있는 일은 함께하면 좋겠다는 마음이다. 사소하지만 쓰레기봉투 버리는 일, 교무실 청소하는 일, 전화를 당겨 받는 일, 무거운 짐을 들고 가면 나눠서 들어주는 일 등 이런 것도 같이 하면 좋지 않을까 싶다. 누군가는 당연한 게 아니냐고 할 수도 있겠지만, 그런 생각을 가졌다면 충분히 학교생활을 잘하리라 믿는다. 앞으로도 쭉 그렇게 해주길 바라며, 나도 초심을 잃지 않아야겠다고 다짐해 본다.

첫 수업 다 망하고
달인이 되기까지

 신영환

학교에서 교사로서 가장 우선으로 해야 하는 게 무엇일까? 관리자분들께 귀가 닳도록 들은 이야기가 있다. "교사의 수업이 바로 서야 학생들이 잘 따른다." 학교에서는 수업, 생활지도, 상담, 학급운영, 행정업무 등 다양한 일이 있다. 그중 수업을 가장 먼저 신경 써서 잡아야 한다.

학교에서는 수업이 우선시되어야 하는 건 불변의 진리다. 물론 보직교사(부장)의 경우에는 수업의 비중보다 업무의 비중이 더 크게 느껴질지 모르겠다.

하지만 신규교사에게 수업은 가장 두려운 일이다. 아무리 대학교 혹은 대학원에서 교육학 이론을 철저하게 공부하고 왔다고 해도 실전은 다르기 때문이다. 이론 책으로 전쟁 관련 지식을 배우고, 전쟁터에 나가보면 현실은 너무나 냉혹한 것과 같다.

좀 더 현실적인 비유를 해보겠다. 간신히 운전면허를 땄다고 가정해 보자. 이제 도로로 나가서 운전할 차례가 되었다. 첫 운전 경험은 어땠는가? 나는 아직도 처음 혼자서 차를 끌고 나간 날을 잊을 수 없다. 도로에서 조심해야 할 세 가지인 버스, 택시, 오토바이를 모두 만났기 때문이다. 버스 뒤를 쫓아가는데 갑자기 멈춰서 놀라고, 택시는 더 갑작스럽게 끼어들어 더 놀랐다. 그리고 오토바이는 분명히 내 시야에 없었는데 갑자기 좌우에서 튀어나왔다. 운전대를 잡고 귀신 본 것처럼 소리치며 자지러지게 놀랐다. 초보 운전자는 앞만 보고 달리게 되는 것 같다.

수업에서도 마찬가지다. 학생들 모습은 안 보이고 자기가 준비한 수업 내용만 보인다. 아마 대부분 일주일 정도는 수업을 해봐야 조금씩 학생들 얼굴이 보이고, 표정이 보이고, 수업을 잘 따라오고 있는지 분위기도 파악할 수 있을 것이다. 어느 정도 운전에 익숙해지면 여유 있게 전후좌우를 모두 다 살필 수 있게 되는 것처럼 말이다.

나의 초임 시절 수업을 떠올려 보니 갑자기 얼굴이 빨개진다. 나는 13년 동안 세 군데 학교에서 근무했는데, 첫 수업은 모두 망했다. 첫 학교에서는 영어 듣기 수업이었다. 수업 때 나만의 무기가 없었던지라 알 없는 뿔테 안경을 쓰고 연기하듯이 수업했다. 특히 무언가 설명할 때는 "제임스를 불러서 설명을 들어보자!"라고 외치곤 했다. 수업 분위기 장악에 자신이 없으니 무언가를 활용했던 것이다.

그리고 아이들의 집중력을 높이기 위해 사탕이나 캐러멜 종류의 간식을 준비했다. 퀴즈를 내고 맞추면 보상으로 주는 방식으로 수업했다. 그런데 아이들이 참여가 낮아서 고민했다. 꾀를 낸 것이 수업 중간에 초성 퀴즈를 해서 맞추면 보상을 주며 분위기를 환기시키려 했다. 그랬더니 아이들이 수업 관련 질문에는 답변을 하지 않아도 초성 퀴즈는 열심히 맞혔다.

그러던 어느 날 교감 선생님이 호출하셨는데, 수업 시간에 퀴즈를 하냐고 물어보셨다. 나는 솔직하게 중간에 분위기 환기를 위해 퀴즈를 한다고 했다. 그랬더니 퀴즈는 그만하고 수업에 더 집중하면 좋겠다고 하셨다. 나는 갑자기 왜 그런 말씀을 하시나 했다. 복도에 지나가시는 걸 본 적이 없었기 때문이다.

나중에서야 알게 된 사실인데, 고3인데 수업 시간에 쓸모없이 초성 퀴즈나 하고 있다고 민원 전화가 왔다고 한다. 아마도 공부에 열의가 있었던 한 학생의 학부모 전화가 아닌가 싶다. 나머지 학생들은 즐거워했지만, 민원이 들어오면 조치 취해야 하기에 그날 이

후로 초성 퀴즈 시간을 없앴다. 그랬더니 수업 시간에 아이들의 활기가 사라졌다.

게다가 교감 선생님께서는 내 수업 시간에 조용히 티 안 나게 복도로 지나가셨다. 그리고 한참을 복도 끝에서 기다리시더니 내가 수업만 진행하니 조용히 사라지셨다. 아무래도 내가 혹시라도 민원에 대한 조치를 취하지 않을까 염려해서 확인차 오신 것 같았다. 나의 첫 번째 학교에서는 이런 일을 겪었다.

두 번째로 근무했던 학교는 일반고 여고였다. 다 그런 건 아니겠지만, 남고보다 여고에서 수업을 포함하여 사소한 일에도 아이들과 학부모님이 더 민감한 것 같다. 드디어 독해 수업을 해볼 수 있겠다는 설레는 마음을 안고 첫 수업을 진행했다. 대학원에서 배운 최신 교리를 이용하여 멋지게 학생 중심 수업을 진행했다. 그런데 아이들이 생각처럼 수업을 잘 따라오지 못하는 것 같았다. 뭔가 찜찜한 기분이 들었다. 첫 수업이 끝나자마자 한 여학생이 나를 붙잡고 웃으면서 말을 건넸다.

"선생님! 저는 오늘 수업 들으면서 수업 방식이 신선해서 너무 좋았어요. 그런데 저희는 입시를 준비하는 수험생이고, 선생님이 생각하시는 것보다 영어를 잘하지 않아서 강의식으로 해주시면 더 좋겠다는 생각이 들었어요. 혹시 가능하시다면 수업 방식을 바꿔

주실 수 있을까요?"

이번에는 학부모가 아니라 학생이 직접 내게 민원을 넣었다. 물론 너무 예의 바르고 호의적인 태도로 말을 건넸기에 기분이 상하지는 않았다. 오히려 살짝 부끄러웠다. 덧붙여서 나랑 팀으로 가르치시는 선생님 이름을 말하며 그 선생님처럼 수업해 줬으면 좋겠다고 했다. 그 말을 듣고 내 얼굴은 더욱 울긋불긋해졌다. 다행히도 학교로 민원 전화가 온 게 아니고 학생이 직접 말해 주니 더 좋은 게 아닌가 싶었다.

그래서 학생들에게 양해를 구하고 바로 수업 방식을 바꿔서 내가 학창 시절에 배웠던 방식 그대로 강의식 수업을 진행했다. 다들 갑자기 바뀐 수업 방식을 이해하는 눈치였는데, 수업이 끝나니 또 다른 한 학생이 내게 찾아왔다.

"선생님! 저희가 '하' 반이라서 영어 기초 지식이 부족해요. 선생님이 하시는 끊어 읽기를 잘 모르겠어요. 조금 더 쉽게 수업해 주실 수 있을까요?"

이 학교는 영어를 '상' '하' 반으로 나눠서 수업했다. 나는 '하' 반을 맡았는데, 일반고라도 해도 학생들의 영어 기초가 부족했다. 그렇게 나는 두 번이나 좌절을 맛봤다.

한 번도 아니고 두 번이나 이런 일이 생기니 '나는 수업을 못 하는 교사인가?' 하고 자괴감에 빠졌다. 순간 '학교를 그만둬야 하나?'

하는 생각마저 들었다. 동료 교사나 선배 교사에게 지적받았어도 충격이었을 텐데, 학생들에게 직접 피드백을 받으니 충격이 더 컸던 것 같다. 하지만 이 정도로 물러설 내가 아니라고 생각하며 부족하면 노력해야겠다고 다짐했다.

내가 할 수 있는 일이 무얼까? 아이들이 자꾸만 영어 기초가 부족하다고 하니 기본적인 어휘부터, 구문, 문장 구조 분석 등 내가 준비해서 떠먹여 주듯이 수업을 하기로 했다. 그래서 교과서에 있는 모든 어휘와 문장에 필요한 요소를 모두 체크한 다음 프린트로 만들어서 나눠줬다. 다행히도 비로 적용한 수업에서 학생들의 얼굴을 확인해 보니 입가에 미소가 보였다.

그렇게 1년간 열심히 노력해서 수업 능력을 업그레이드시킨 덕분에 다음 해에는 아이들이 내 수업을 좋아한다는 걸 느낄 수 있었다. 심지어 새로 오신 선생님에게 배우는 아이들이 나에게 와서 하소연할 정도였다. 자기네 반을 맡아 주면 안 되겠냐고 말이다. 그 선생님도 나처럼 수업 신고식을 제대로 치르는 것 같았다.

세 번째 학교인 외고에서도 일반고에서 하던 방식으로 수업을 했더니 학생들이 불편함을 드러냈다. 아는 것은 적당히 넘어갔으면 좋겠다고 피드백을 주기에 바로 고쳤다. 그런 식으로 한 학기 정도는 수업 영점 조준을 하느라 고생했던 기억이 있다.

이런 일은 누구에게나 생길 수 있다. 다만 우리가 가져야 할 태도는 부족함을 인정하고 노력해야 한다는 것이다. 학생들이 100퍼센트 만족할지는 모르겠지만, 나는 지금도 학생들의 수준에 맞게 정보를 제공하려고 노력한다. 그리고 수업 중간에 5분 정도는 패턴을 만들어서 잠시 분위기 환기를 한다. 봄에는 스트레칭 체조, 여름에는 무서운 이야기, 가을에는 연애 이야기, 겨울에는 다시 스트레칭 체조를 넣어서 수업을 진행한다. 물론 수업 시작할 때는 주의를 끌기 위해 일상적인 이야기도 나눈다.

결국 고등학교 50분 수업 중에 10분 정도는 수업을 하지 않는다. 그래도 아이들이 집중할 수 있어서 더 효과적이다. 전반부 20분, 후반부 20분 초집중해서 수업을 진행한다. 아이들의 만족도는 이게 더 높은 것 같다.

교사에게 수업은 항상 업그레이드를 위해 고민해야 할 영원한 숙제인 것 같다. 하지만 나만의 레퍼토리 혹은 무기가 생긴다면 분명히 만족스러운 수업을 할 수 있을 것이라 생각한다. 나는 심지어 집중시키려고 관종(관심을 부르는 종)을 들고 다니기도 했다. 하지만 이제는 도구 없이도 충분히 집중시킬 수 있게 되었다. 노력은 절대 배신하지 않는다는 사실만 잊지 않고 계속 앞으로 전진하려 한다.

1년을 날려버린
1급 정교사 연수

 신영환

사람은 시대를 잘 타고나야 한다는 말은 과연 사실일까? 나는 그 말을 어느 정도 믿는다. 물론 그게 운명이라는 생각도 한다. 내가 기간제 교사로 근무할 때는 3년이 지나도 1급 정교사 자격을 취득할 수 없었다. 그런데 2019년부터 기간제 교사라도 3년 이상 교직 경력이 있으면 정교사 1급 자격을 취득할 수 있게 변경되었다.

물론 그렇다고 바로 정교사로 임용이 되는 건 아니다. 당연히 임용 고사나 이에 준하는 시험을 비롯해 절차를 모두 통과해야만 한다. 그래도 월급에서 1호봉이 올라가니까 경제적인 혜택이 분명히 있고, 지원 상황마다 다르지만 보직교사(부장 교사) 혹은 다른 교육청 관련 활동을 지원할 때도 자격 요건을 갖추게 된다.

내가 정교사로 임용되었을 때는 5년 차 교사였다. 경력은 만 3년 반 정도, 그러니 당연히 1급 정교사 연수에 가야 했다. 기대감에 부풀어서 교무부 연락을 기다렸다. 그런데 4월이 거의 끝나 가는데도 연락이 없기에 이상해서 공문을 찾아봤다.

이럴 수가, 이미 1급 정교사 신청 기간이 끝나 있었다. 청천벽력 같은 상황이 벌어졌다. 바로 교무부로 가서 교무부장님께 어떻게 된 일인지 문의했다. 그랬더니 대상자가 없는 것 같아서 '해당 없음'으로 처리했다고 한다. 그래서 말씀드렸다. 내가 다른 학교 경력이 있어서 이번에 가는 거였다고. 머쓱하면서 바로 교육청에 문의해 보겠다고 했다. 하지만 돌아온 답변은 이미 기간이 지나서 안 된다는 거였다. 결격사유가 없는데도 말이다. 정말 억울해서 이것저것 정보를 찾아봤다. 지푸라기라도 잡는 심정으로 혹시 해결책은 없을까 백방으로 찾아봤다. 하지만 결론은 바꿀 수 없었다.

이와 비슷한 일을 겪은 다양한 사연의 글을 읽으면서 어마무시한 일도 벌어진다는 걸 알았다. 한 공립 학교에서도 이런 일이 있었는데, 민사소송을 걸어서 배상책임을 물었다고 한다. 1호봉을 누락한 채로 1년을 계산하면 최소 100만 원 조금 넘게 손해가 난다. 또한 교육청이나 공공기관 활동 중에 정교사 1급이 되어야만 할 수 있는 활동이 있는데, 자격 상실에 대한 피해보상도 요청할 수 있다고 한다.

나는 하루 종일 고민에 빠졌다. 누군가에게는 당연한 권리이자 혜택인데 사소한 업무 과실로 인해 이렇게 피해를 봐야 하는 게 억울했다. 그렇다고 소송을 넣는다는 건 또 말도 안 되는 일이었다. 공립 학교에서는 다른 학교로 옮길 수 있으니 다시 얼굴 안 보고 생활할 수 있겠지만, 나는 사립 학교에 근무하니까 평생 얼굴 보며 지내야 했다. 답은 정해져 있었다.

부서에서 일할 때라 부장님께 하소연했더니 그분도 과거에 고3 담임이라 그해에 연수를 받지 못하고 1년 늦게 정교사 연수에 가게 되었다고 했다. 오히려 우겨서 연수에 간 사람은 학부모 민원에 시달렸다고 했다. 위로의 말이었지만, 내 상황은 단순 업무 과실이니 그리 위로가 되지 않았다.

업무 과실에 대한 사과도 받지 못한 채 어영부영 사건이 일단락되었다. 담당했던 선생님도, 교무 부장님도, 교감, 교장 선생님도 모두 자기 일이 아니니 별로 관심 없는 것처럼 느껴졌다. 하지만 서운해도 좋은 게 좋은 거라고, 그렇게 넘겨야만 했다.

대신에 신규로 새로 들어오신 선생님들에게는 나와 같은 일이 발생하지 않도록 항상 미리 알려 줬다. 꼭 3년이 지나면 정교사 1급 연수를 놓치지 않도록 3월부터 공문 확인하고, 교무부에 이야기해서 갈 수 있도록 하라고 말이다. 내 말을 귀담아들은 선생님은 다행히 잘 챙겨서 갔고, 그냥 흘려들었던 선생님은 부랴부랴 나중에 챙기려 했지만 또 놓치는 일이 생기고 말았다.

나의 권리나 혜택은 스스로 챙겨야 한다. 신규 선생님이라면 1급 정교사 연수를 절대 놓치지 않기를 바라는 마음이다. 책임은 그 누구도 대신 져주지 않기 때문이다. 소송해서 보상은 받을 수 있겠지만, 그 과정에서 받을 상처는 이루 말하지 못할 수준일 거라 짐작한다. 그러니 스스로의 권리는 미리 알아서 잘 챙기시길 바란다.

나는 비록 1년 늦게 1급 정교사 연수에 가게 되었지만, 불행 중 다행으로 그곳에서 마음 맞는 좋은 선생님들을 만나 다양한 활동을 함께해 왔다. 지금은 돈보다 더 값진 사람을 얻은 것 같아 전화위복 상황이 된 게 아닌가 싶다.

이왕 바꿀 수 없는 상황이라면 빨리 현실을 직시하고 받아들이는 게 정신 건강에도 좋다고 생각한다. 아직도 가끔은 아깝다는 생각이 들지만 어쩌겠는가. 바꿀 수 없는 일인 것을……. 차라리 마음을 비우고, 현실을 인정하고, 다른 일로 행복을 찾는 게 더 낫지 않을까?

그렇게 나의 일은 스스로 챙겨야 한다는 교훈을 얻었다. 어떻게 보면 이게 더 값진 교훈이 아닌가 싶기도 하다. 합리화처럼 들릴 수도 있지만, 정신 건강에 좋다면 그렇게라도 해야 한다. 돈으로 바꿀 수 없는 인연을 얻은 것도 좋은 점이니 나는 앞으로는 과거를 떠올리지 않으려 한다. 하지만 가장 좋은 건 소 잃고 외양간 고치는 것보다 미리 대비하는 게 더 좋다는 사실을 기억하면 좋겠다.

돌+I
총량 불변의 법칙

 신영환

과학에는 질량 불변의 법칙이 존재한다. 그리고 세상에는 또라이 총량 불변의 법칙이라는 게 있다. 이게 무슨 말이냐면, 어느 집단이든 항상 이상한 사람이 한 명쯤은 꼭 있다는 말이다. 만일 그곳에 이상한 사람이 단 한 명도 없다면, 내가 그 이상한 사람일 수도 있다. 왜 갑자기 이 이야기를 하냐면, 교사로서 학교생활을 하든 다른 일반 직장에서 사회생활을 하든 분명 불편한 사람 한 명쯤은 만날 수 있기 때문이다.

그런데 초임 교사 때는 정신이 없어서 이런 사실을 인지하지 못한다. 하지만 3~4년 정도 경력이 쌓이면 서서히 주변이 보이기 시작한다. 누울 자리를 잘 살필 수 있게 된다는 말이다. 누가 편한지 불편한지 구분할 수 있으니 말이다.

특히 가끔 심각하게 선을 넘는 사람들이 있다. 나도 그랬고, 많은 지인 선생님들이 겪었다. 앞으로 풀어놓을 이야기들은 모두 내가 아니라 지인들이 겪은 일이다. 내 주변 지인을 알더라도 혹시나 누구인지 넘겨짚는 일은 없기를 바란다. 그럼에도 이런 이야기를 공유하는 건, 큰 피해를 입기 전에 피하라는 말을 전하고 싶어서다.

한 선생님은 수업 시간에 졸거나 떠들거나 해서 걸린 아이들을 쉬는 시간마다 교무실로 불러와서 줄을 세워 놓고 소리를 크게 지르며 훈계하거나 혼냈다. 의도를 정확히 알 수 없지만, 본인은 그것이 교육이라고 생각하는 것 같았다. 하지만 한두 번도 아니고 거의 매 시간 교무실에 아이들을 불러다 놓고 소리를 질러대니 많은 선생님이 불편함을 느꼈다.

평소 다른 선생님들과도 대화가 별로 없고, 혼자서 주로 생활하는 모습을 볼 때 사회성이 조금 부족해 보였다. 학생들을 회유하는 게 아니라 혼내기만 하니 학생들도 그 선생님을 좋아하지 않았다. 선생님이든 학생이든 그 선생님과 어울리는 사람이 없었다.

결국 다음 해에 내신을 써서 근무하던 고등학교에서 중학교로 이동했다. 사유는 부적응이었다고 한다. 가끔 학교급에 적응하지 못하면 사유를 써서 다른 학교급으로 이동할 수 있다. 과연 그게 적응의 문제였는지, 선생님 본인의 사회성 문제였는지는 알 수 없었다.

다음 선생님은 비슷한지만 조금 더 무시무시하다. 세상에는 100명 중 4명이 소시오패스 성향을 보인다고 한다. 그런데 이 선생님의 말과 행동을 보면 그 4명에 속하는 게 아닌가 싶었다고 한다 (물론 전문적인 진단은 아니다).

그 선생님도 학생들을 교무실에 불러 놓고 심하게 화를 내며 욕설까지 했다. 심지어 기분이 좋지 않으면 교무실에서 학생이든 교사든 가리지 않고 마구 화를 냈다. 그래서 학생들은 전교에서 가장 무서운 선생님이 누구냐고 하면 바로 그 선생님을 지목하곤 했다. 물론 선생님들도 비슷한 경험을 했기에 그 선생님과 대화하기를 꺼렸다.

보통 누군가 불편한 사람이 있으면 "무서워서 피하냐? 더러워서 피하지."라고 말하지만, 그 선생님은 예외였다. 모두가 진짜 무서워서 피했다. 말대꾸라도 하면 왠지 칼 들고 와서 죽일 것 같은 기세를 보였다.

특히 인간관계에서 자신보다 윗사람이거나 도움을 받을 수 있는 사람이면 잘해 주고, 자기보다 아랫사람이거나 별로 도움이 안 되면 무시하거나 욕을 했다. 인간관계도 수단과 도구로 사용하기 때문이다. 전문가는 아니지만 이런 경향은 소시오패스처럼 보이기도 했다.

한번은 그 선생님이 크게 잘못한 적이 있었다. 그런데 갑자기 허리가 아프다고 조퇴를 신청하고, 계속 몸이 아프다고 하면서 불쌍한 척을 했다. 그 선생님이 하는 행동 모두 소시오패스의 특성과 같아서 소름이 끼쳤다. 그런 사람과는 좋은 관계로 지낼 수가 없다. 결국은 이용당하기 때문이다. 항상 부하처럼 지내거나 피해를 보면서 살아야 할 것이다. 실제로 잘 지내던 사람들도 계속 그런 대우를 받으니 하나둘씩 떠났다.

결국 그 선생님은 외톨이가 되어가다가 나중에는 아프다고 동정을 구하며 상황을 무마했다. 그리고 다음 해에 새로 온 선생님들에게 엄청 잘해 주고 환심을 사서 잘 지낸다. 물론 새로 온 선생님들이 불쌍하긴 하지만, 잘못하면 자신이 다치니까 도움을 주기가 꺼려졌다고 한다.

이 두 선생님은 다른 선생님이나 학생들과 관계가 좋지 않은 경우인데, 관리자인 교감 선생님 혹은 교장 선생님에게까지 문제를 일으킨 선생님도 있다.

학교에서는 교사가 연가를 쓰는 사유가 분명하지 않으면 쓰기 어려운 상황이 많다. 물론 연가는 필요할 때 쓸 수 있는 선생님의 권리가 맞지만 악용하면 그게 과연 옳은가 하는 의문이 든다.

한 학교에서 연가를 자신이 원할 때 마음대로 쓰는 선생님이 있었다. 담임 교사인데도 몸이 조금만 아프면 연가를 써서 나오지 않았다. 거기까지는 이해할 수 있었는데, 연휴 기간에 연가를 붙여서 가족과 해외여행을 다녀올 계획을 세운 적이 있었다고 한다. 그 선생님이 해외여행은 학교장 결재가 있어야 하기에 허락을 받으러 갔다. 사실 학기 중에 가족과 해외여행을 가니 연가를 쓰겠다고 하면 과연 누가 허락을 할지 모르겠다. 나는 관리자는 아니지만, 상식적으로 그건 좀 아닌 것 같다.

그런데 그 선생님은 선보고가 아닌 후보고를 하러 갔다. 이미 비행기 표와 숙소도 예약했다는 것이다. 당연히 교감 선생님과 교장 선생님은 허락하지 않았다. 학생들에게 피해를 주고, 다른 선생님들이 보강을 들어가야 하니 그것도 피해를 주는 일이라 허락할 수 없다고 했다. 그랬더니 화를 내면서 위약금을 물어야 하니 피해보상을 하라고 했다. 어이가 없다.

이 사건을 종결시키기 위해서 교장 선생님은 사비로 위약금을 물어주고 끝내겠다고 했다. 그랬더니 가족들도 못 가게 되었으니 가족들 비용까지 지불하라고 했단다. 세상에 이런 또라이는 없다고 생각했다고 한다. 거기까지는 해줄 수 없다고 단호하게 말했더니, 그냥 한번 혹시나 해서 물어봤다고 하며 꼬리를 내렸다.

이렇게 나오니 실제 위약금이 있는지 아닌지도 모를 지경이라 여행사 영수증을 받아서 달라고 했는데, 그 선생님은 계속 이런저런 핑계를 대면서 주지 않았다. 너무 괴씸했지만 계속 물고 늘어지면 괜히 마음만 상하고, 다른 또라이 짓을 학생들이나 다른 선생님들에게 할까 봐 거기서 끝냈다고 한다.

물론 극단적인 사례일 수도 있지만, 사실 더 이해되지 않는 이야기도 많다. 주변에 이상한 사람이 있다고 느껴지면 조심해야 할 것이다. 다만 상식선에서 적어도 남에게 피해는 주지 않는 게 좋겠다. 주변에서 나를 피하는 느낌이 든다면, 좋은 방향으로 변화하려고 노력할 필요도 있다고 생각한다.

상처 입은 교사가
번아웃에서 탈출하는 법

교사로서 열심히 살아가다 보면 항상 위기를 만나곤 하죠. 특히 번아웃이 심하게 오면 힘든 시간을 보내게 되는 것 같아요. 나현 선생님은 혹시 번아웃이 온 적 있었나요?

저는 3년 차에 번아웃이 왔던 것 같아요. 2년 차에 만났던 반 친구들이 정말 버라이어티했거든요. 10년에 걸쳐 겪을 법한 일들을 그 한 해에 모두 겪었어요. 학폭, 선도, 강전, 경찰서, 절도, 자해…… 사건 사고가 끊이지 않던 해였어요. 그래서인지 그다음 해에 자연스레 무기력함이 찾아왔어요. 반 애들은 참 순하고 착했는데, 그것과는 관계가 없더라고요. 저의 표정이 점차 사라지고, 힘들고 지친 모습을 학생들이 먼저 알아차리더군요. 그렇게 제가 번아웃이 왔다는 걸 알게 되었어요.

영환 선생님은 더 경력이 많으시니 더 지치셨을 것도 같은데, 혹시 번아웃 경험이 있으신가요?

 저는 여러 번 고비가 있었는데, 가장 심하게 왔을 때는 12년 차이면서 한 학교에서 9년간 근무한 2022년이었어요. 저 혼자 힘으로는 도저히 해결할 수 없는 번아웃이 왔어요. 무엇보다 의지와 상관 없이 호흡 곤란 증세가 오면서 몸에 이상이 생기면서 번아웃이라는 것을 알았죠. 수업도 교과 내에서 가장 많았고, 업무도 부서 기획이라 많았는데 다른 사람 대신에 해야 할 일이 몰리면서 무너진 것 같아요. 수학여행도 다른 사람 대신 가고, 수업도 더 맡아서 하고, 업무로 평일 야근에 주말까지 학교에 나오거나 출장을 다녀왔어요. 6주 동안 제 개인 취미 활동은 하나도 못하고 그렇게 지내니까 숨이 갑자기 안 쉬어지더라고요. 수업 중간에도, 집에서도 갑자기 과호흡 증상이 나타나니까 덜컥 겁이 났어요.

 많이 힘드셨었나봐요. 지금은 괜찮으신가요? 번아웃은 극복하셨나요?

 병원을 다섯 군데 가서 혈액 검사, 엑스레이 검사, 심전도 검사 등 모든 검사를 다 했는데도 원인을 찾지 못했어요. 그러니까 많이 답답하더라고요. 몸이 아프니까 "YES"라고만 말하는 사람으로 살아온 지난 세월이 억울하다는 생각이 들었어요. 이러다 죽으면 어쩌나 하는 생각도 들었고요. 심하게 걱정이 되어 학교에 이야기해서 1년 휴직을 신청했어요. 몸이 아프니까 학교에도, 학생들에게도, 동료 교사에게도, 가족들에게도 민폐를 끼칠 것 같아서요. 당장 병가를 내고 싶었지만, 연말까지 제가 맡은 일이 많아서 그렇게 하지는 못했어요. 다만 그래도 휴직을 하니까 끝까지 버텼던 것 같아요.

그래도 다행히 돌파구를 찾으신 것 같네요. 선생님 건강이 우선이니 잘 챙기시고요. 끝으로 번아웃 예방에 대한 조언 좀 부탁드려도 될까요?

원인을 따져보니 6주 동안 쉬는 시간에도 점심 시간에도 전혀 쉬지 않고 일했더라고요. 그게 제 실수였던 것 같아요. 그래서 꼭 일할 때 쉬는 시간을 가지시길 바랍니다. 물론 퇴근 후에는 좋아하는 일도 하면서 스트레스를 풀었으면 좋겠고요. 저는 6주 동안 좋아하는 책 한 권조차 못 읽었거든요. 여러 이유가 있겠지만, 무엇보다 스트레스 해소를 틈틈이 하는 게 중요하다고 생각해요.

3장

선생님, 오늘은 안녕하신가요?

알고 보면
선생님도 사람입니다

학생에게
욕을 들었을 때

 기나현

　나에게는 아픈 손가락 같은 학생이 있었다. 2년 연속 담임 반에서 만난 민주(가명)라는 아이다. 민주는 언행이 거칠어 자주 지도받는 학생이었다. 수업 중에 선생님들께 버릇없는 모습을 보이거나, 친구와 싸우면 교실에서 냅다 의자를 던지기도 해서 교무실로 불려오곤 했다. 지도받다가도 기분이 상하면 교무실 문을 박차고 뛰쳐나가고, 싫은 얘기를 조금이라도 들으면 매서운 눈으로 나를 노려보던 아이였다.

　다듬어지지 않은 아이의 모습에 상처받고 눈물 흘린 적도 있었다. 잦은 사고에 나와 투닥거리는 일도 많았다. 그런데도 그 아이가 밉지 않았다. 기분이 좋으면 나를 강아지처럼 따랐고, 흥분했다가도 화난 감정을 가라앉히고 대화하면 속내만큼은 따뜻한 아이라고 여겨졌다. "쌤! 사랑해요!" 하고 내 품으로 파고들던 아이다. 주변 선생님들이 힘들지 않냐고 걱정하며 물으셨을 때 "그래도 저는 민주가 참 예쁘고, 마음이 쓰여요."라고 답할 수 있었다.

워낙 힘든 순간들이 많았던지라 또 한 번 담임이 된 걸 알았을 때는 솔직히 아차 싶었다. 쉽지만은 않을 1년이 그려졌기 때문이었을까. 그런데 한편으로는 다행이라는 마음이었다. 그래도 다른 선생님들보다는 내가 민주를 더 잘 지도할 수 있을 거라는 헛된 기대를 품었다. 소리를 고래고래 지르던 민주도 내 앞에서만큼은 차분해지기도 했으니 민주와 내가 1년을 예쁘게 쌓아온 관계가 민주에게도, 또 나에게도 좋은 새 출발점이 될 수도 있겠다는 마음이었다.

하지만 나의 희망찬 예측은 우습게도 빗나갔다. 중학교 3학년이 되자 민주는 멈출 줄 모르는 고속 열차처럼 학교에서 멀어져 갔다. 학교에 오기를 싫어했고, 학교에 오는 대신에 학교를 그만둔 친구들과 어울리려 했다. 집에서 나올 때면 학교에 가는 듯이 나왔고, 내게 전화를 걸었다.

"저 아파요. 오늘 학교 안 가요. 아빠한테는 연락하지 마요."

민주의 투정에 나는 원칙대로 답할 수밖에는 없었다.

"아파서 학교에 안 올 수는 있어. 하지만 보호자인 아버님의 허락이 필요해."

놀고 싶은 아이와 아이를 학교에 어떻게든 붙잡아두고 싶은 나 사이의 신경전은 매일같이 반복되었다. 민주는 점점 화가 났고, 나는 계속해서 지쳐갔다.

하루는 학교에 온 민주가 배가 아프다면서 나를 찾아왔다. 평소처럼 조퇴하고 싶다는 이야기였다. 보호자의 허락이 필요하다는 나의 말에 민주는 매서운 눈으로 나를 흘겨보며 왜 안 되냐며 고래고래 소리를 질렀다. 한참의 실랑이 끝에 민주는 결국 교무실 밖으로 뛰쳐나갔다. 보건실에 있던 자기 친구에게 달려가 입에 담지 못할 욕을 했다고 한다. 보건 선생님으로부터 전해들은 말에 나는 손이 떨렸다. 강아지같이 나를 따랐던 민주와 나를 흘겨보며 욕하는 민주가 마치 다른 사람 같아 눈물이 났다.

그 후 민주는 가출했다. 민주가 거짓말하며 학교를 빠지는 사실을 아신 아버님이 크게 혼내신 것 같은데, 그것에 반항심을 품고 집을 나갔다. 그렇게 여러 번 집을 나가고 돌아오기를 반복하던 민주는 어느 순간부터 학교에 오지 않았다. 학교에서는 민주를 '장기 무단결석생'으로 분류했다.

나는 솔직히 두려웠다. 민주를 학교에 오게 해야 하는데, 날카로운 아이의 말이 머리에서 떠나지 않았다. 그 일이 있은 뒤 얼마 동안은 수업을 하다가도 내 앞에서 웃는 학생들이 나의 뒤에서는 나를 욕하고 다니는 것 같은 느낌을 받았다. 그래서 민주에게 하는 연락도 자꾸만 망설여졌다. '학교에 오라고 했다가 또 욕을 들으면 어쩌지?' 하는 걱정이 앞섰다. 그렇게 담임으로 할 수 있는 최소한만을 한 것 같다. 민주의 결석 일수는 하루하루 쌓여가고, 법정 출석 일수를 채우지 못한 민주는 결국 유예 처리가 되고 말았다.

아직도 민주의 이야기를 하는 건 나에게 아픈 일이다. 너무 사랑했던 학생에게 욕을 들었다는 것도, 교사로서 내가 해야 할 책무를 다 해내지 못했다는 것도 계속해서 나를 아프게 한다. 그때 다르게 대처했더라면 어땠을까 하는 후회는 내가 교직에 몸담은 내내 나를 괴롭힐지도 모르겠다.

교사들도 결국 사람이다. 상처받는 것은 어찌 보면 당연한 일일지도 모른다. 왜 이런 욕까지 들어야 하는지 참 서럽고 속상할 수 있다. 그래도 이런 상처들을 툭툭 털어내었으면 한다. 분명한 건 상처를 아물게 해주는 일도 결국 학교에서 생기니 말이다. 아이들에게 받은 상처는 결국 아이들만이 치유해 줄 수 있다. 상처를 품고도 다시 아이들과 함께하기로 결심하는 것이 진정한 우리 교사들의 삶이 아닐까?

경찰서는
처음이라서

 기나현

그날은 날씨가 무척 좋던 토요일로 기억한다. 친구들과의 약속에 나갈 준비를 하고 있었는데 전화벨이 울렸다. 당시 내가 맡은 반 학생이었다. 수화기 너머로 이서(가명)의 울음소리가 들렸다. 깜짝 놀라 아이에게 무슨 일이냐고 물었다.

"아빠가 저를 계속 만져요."

이서는 부모님의 이혼 후에 아버지와만 살고 있었다. 학업에 큰 흥미가 없었는데, 아버님이 몇 번이고 전화 상담을 요청하시고는 아이를 향한 관심을 보이셔서 이서가 가정에서 많은 사랑을 받고 있다고 생각했다. 이서는 동성인 나와의 가벼운 스킨십도 꺼리곤 했다. 상담하다가 어깨를 토닥이기만 해도 움찔하는 모습을 보였다.

이서의 사정은 이랬다. 아버지가 퇴근하면 자고 있던 이서의 방에 들어와 이서를 뒤에서 껴안고 자려 하는 것이었다. 이서는 자신을 만지는 손길이 느껴져 아빠가 방에 들어올 때면 밤새 뜬눈으로 잘 수밖에 없었다고 했다. 싫다고도 해봤지만 나아지지 않았다고 한다. 2년 가까운 시간을 혼자만 꾹 참다가 그날은 집을 나와 나에게 전화한 것이었다.

눈물 섞인 이서의 이야기를 듣고는 혼란스러워졌다. 아동학대나 가정폭력에 대한 연수는 해마다 의무로 들어온다. 그런데도 실제 상황에 처하니 너무나 당황스러웠다. 아이의 말만을 듣고 정말 경찰에 신고해도 되는 걸까? 내가 신고하면, 그 다음은 뭘까? 나의 신고로 아버지는 가해자가 되고, 이 가정은 깨지게 되는 것일까? 수만 가지 물음이 제 머릿속을 오갔다. 이서에게 물었다.

"집에 돌아가고 싶은 마음이 조금이라도 있어?"

"다시는 집에 돌아가고 싶지 않아요."

아이의 답을 듣고는 내가 무엇을 해야 할지가 명확해졌다. 이서에게 집은 더 이상 안전한 곳이 아니었다. 내가 이서를 도와야 한다는 생각이 들었다. 곧바로 학년부장님, 보건선생님, 교감선생님에게 전화를 걸었다. 그리고 부랴부랴 겉옷을 챙겨서는 택시를 타고 아이가 있는 곳으로 달려갔다.

교사는 아동학대나 가정폭력을 인지하게 된 그 즉시 신고할 의무가 있다. 밖에서 떨고 있던 아이와 만난 후에는 경찰에 직접 전화했다. 우리가 있던 곳으로 순찰차 하나가 왔다. 생애 처음으로 순찰차를 타고 아이와 함께 경찰서에 갔다. 그곳의 무거운 공기가 아직도 기억난다.

경찰관님이 건네주신 믹스커피 한 잔을 손에 쥐고, 진술하는 이서의 옆에 앉았다. 진술이 모두 끝나니 연계된 보호시설 담당자 분이 도착했다. 나에게 앞으로의 상황을 설명하시고 아이를 데리고 갔다. 당장은 이서가 아버지와 분리되어 안전한 곳으로 간다는 사실에 안도했다.

아쉽게도 신고 후에 우리 교사들이 당장 맞닥뜨릴 현실에 관한 이야기는 그 누구도 설명해 주지 않았다.

아버님은 신고자가 담임 교사인 나라는 사실을 알고 난 뒤 나에게 전화 걸어 어떻게 나를 신고할 수 있냐, 왜 내게 먼저 언질조차 주지 않았느냐며 무섭게 소리쳤다. 학년부장님은 어찌할 바를 모르는 나 대신 교사의 아동학대 신고 의무에 관해 한참을 설명하고는 전화를 끊으셨다.

다행히 아버님으로부터 전화가 또 오지는 않았다. 그런데도 그 학교에 있는 몇 년 동안은 계속 불안한 마음이었다. 재판은 오래도록 진행되었기에 언제든 나를 해코지하러 올 수 있겠다는 걱정이었다. 나의 전화번호와 얼굴을 이미 알고 있었기에 그 불안은 한동안 쉽게 사라지지 않았다.

살면서 경찰서를 갈 일이 얼마나 될까. 아동학대 신고를 해서 경찰서에 가고, 편의점에서 물건을 훔쳐 신고당한 학생을 찾는 경찰관의 전화를 받는 일은 어쩌면 우리가 교사이기에 겪는 일일지도 모른다.

물론 어색하고 무서운 일이다. 그런데도 우리가 교사이기 때문에 해야만 하는 일이다. 그렇기에 나는 매일 더 단단해지려고 한다. 그것이 사랑하는 나의 학생들을 지켜내는 일이기 때문이다.

내가 연예인은
아니잖아요

 기나현

    교사는 준 연예인의 삶을 살아간다. 선생님의 첫사랑 썸부터 작은 옷차림 변화까지 학생들은 선생님의 일거수일투족에 관심이 많다. 자유시간이 조금이라도 주어지면 "선생님은 몇 살이에요?" "남자친구 있어요?" 같은 질문을 무수히 쏟아낸다. 학교와 가까운 곳에 산다면 근처 편의점이나 마트에 가는 사소한 일상까지도 신경 쓰이기 마련이다. 무방비 상태로 학생들을 마주칠 수도 있으니 말이다.

    그런데 신경 쓰이는 게 사실 학생들만은 아니다. 학부모님들도 마찬가지다. 교사의 신상털이에 과하게 열을 올리는 학부모에 관한 내용을 다룬 뉴스를 최근에 많이 보게 된다. 교사의 개인정보를 낱낱이 아는 것이 곧 학부모의 권리라고 주장하는 일부 학부모들로 여러 선생님이 곤욕을 치르고 있다.

최근 한 커뮤니티에는 교사 신상 터는 방법을 상세하게 설명하는 글이 올라올 만큼 문제는 심각한 수준이다. 카카오톡 프로필에 아이들 사진이 없다며 아이들에게 무관심한 게 아니냐는 항의를 받기도 한다. 교사의 카카오톡 프로필 사진을 캡처해 공유하는 일도 다반사다.

그래서인지 교사는 사생활이 없는 것처럼 느껴지기도 한다. 나만 해도 카카오톡 프로필 사진을 바꿀 때나 개인 SNS 계정에 글을 올릴 때 내가 교사이기 때문에 검열하는 경우가 있다. 친구들과 편히 나누는 대화에서나, 퇴근하고 보내는 술자리 사진에서 '이게 교사로서 보이기에 괜찮나?' 하며 몇 번이나 고민하게 된다.

내가 학생이던 시절에는 싸이월드가 있었다. 그때만 돌이켜봐도 일촌 신청을 받아주는 선생님과 받아주지 않는 선생님이 계셨다. 당시의 어린 나는 일촌 신청을 받아주지 않는 선생님에게 서운함을 느끼기도 했던 것 같다. 나는 내가 좋아하던 선생님과 더 가까워지고 싶었는데 선생님은 그렇지 않다는 게 내심 서운하고, 사실은 우리를 싫어하는 건 아닐까 하는, 지금 보면 귀여운 걱정을 했다. 하지만 막상 내가 선생님이 되고 보니 당시 선생님들의 마음이 너무나도 이해된다. 학생들을 아끼고 사랑하는 마음과는 별개로,

학교 밖의 삶이 그대로 노출되는 것이 부담스러울 수 있다.

한번은 나를 무척 좋아하는 학생 한 명이 교무실로 찾아와서, 많이 고민한 듯한 말투로 내게 말했다. 내가 페이스북에 공개한 몇 개의 사진을 아이들이 캡처해서 메신저상으로 공유하고 있다는 내용이었다. 마치 자기 일인 양 기분 나빠하며 예전 사진들을 모두 비공개로 돌리는 건 어떠냐는 제안을 했다. 조금은 충격이었다. 학생들의 페이스북 친구 신청만 받지 않으면 괜찮겠거니 싶었는데, 학생들의 관심은 내 생각보다 훨씬 컸다.

그리고 또 교사의 삶이 마치 연예인의 삶처럼 느껴지는 하나의 이유는 안티팬들 때문일 거다. 아무리 훌륭한 선생님이라 할지라도 모든 학생이 좋아해 주기란 쉽지 않다. 직업상 학생들에게 좋은 소리만 할 수는 없으니 말이다. 때로는 쓴소리도 해야 하는 역할이기에 가끔은 안티가 생기기도 한다. 그들의 뒷담화가 뒤에서 하는 이야기로 끝나면 참 좋을 텐데, 그 이야기가 학교에 돌고 돌아 꼭 당사자의 귀까지 들어오기 마련이다. "오늘 선생님 그날인가 봐." "저래서 결혼을 못 한 거지"처럼 인신공격인지 뒷담화인지 모를 말을 들은 날이면 악플을 읽는 연예인들의 마음을 충분히 이해하게 된다.

나도 그런 때가 있었다. 내 앞에서 웃고 나를 좋아해 주는 학생들을 보며, 나를 싫어하는 학생은 한 명도 없으리라는 용감한 믿음을 품었다. 내 믿음은 교원능력개발평가 결과지를 받아보고 보란 듯이 깨졌다.

사람 마음이 신기하게도 더 많은 좋은 글들은 눈에 들어오지 않고, 그 한 개의 악플만 커다랗게 보였다.

"공주병 좀 고치세요."

지금에서야 웃으며 털어놓을 수 있지만, 그때에는 수업만 들어가면 학생들이 겉으로만 웃고, 속으로는 다 나를 욕하고 있는 건 아닐까 하고 생각했다.

정말 연예인의 삶이 따로 없다. 가끔은 부담스럽게 느껴지는 관심에서부터 마음에 상처를 내는 악플까지 다 감수해야 한다. 그런데도 누군가가 내게 "교사의 삶에 만족하시나요?" 하고 묻는다면 1초의 고민도 없이 그렇다고 말할 거다. 학생들로부터 받는 그 사랑의 크기가 연예인 부럽지 않을 정도이니 말이다.

떨어지는 예쁜 낙엽을 모아다가 교무실로 가져다주는 아이들의 사랑을 마주할 때면, 내가 이런 과분한 사랑을 받아도 되는 걸까 싶다. 나는 이 삶만이 가질 수 있는 넘치는 사랑을 양손에 쥐어보려고 한다.

선생님들도 혹시라도 지나친 관심에 마음이 지치는 때가 오더라도, 잠깐 숨을 고르고 선생님을 향하는 아이들의 사랑 가득한 눈빛에 또 한 번 교사로서 살아갈 용기를 얻으시기를 바라본다.

교사는
화내면 안 되나요?

 기나현

　학교에 있다 보면 정말 별의별 일을 다 겪게 된다. 교사의 역할이 결코 수업을 잘하는 것에만 있지는 않다. 아이들이 안하무인으로 행동하거나 선생님에게 예의에 어긋난 행동을 한다면 교사로서 가만있을 수 없다. 아이들의 잘못된 말과 행동을 지도해야 하는데, 슬프게도 모든 학생이 그 지도를 순순히 듣고 있지만은 않는다. 왜 나한테만 그러냐며 소리 지르기도 하고, 분이 안 풀리면 냅다 욕부터 뱉는 학생들도 있다. 보란 듯이 책상을 쿵 하고 치면서 교실 밖을 뛰쳐나가기도 한다.

　학교에서 6년 넘게 일하며 나 역시도 학생들로부터 참 많은 짜증을 들었다. 수업 시간에 당당히 파우치를 꺼내어 화장을 고치는 학생에게 그만하라고 지도했다가 "학습지를 다 풀었으니 화장하는 건 제 마음 아닌가요?" 하는 말을 듣기도 하고, 교칙에 어긋나는 복장을 한 학생을 지적했다가 "3학년들은 마음대로 입는데 왜 우리만 잡아요?" 하는 말을 듣기도 했다.

교사의 정당한 지도에 아이들의 짜증 섞인 대답이 돌아오면 나 역시도 화를 참기 어려워진다. 지인들 사이에서 부처라고 불리는 나도 잘못이 없다거나 모르쇠로 일관하는 아이들 앞에서 평온함을 유지하기란 쉽지 않다.

화를 이기지 못하고 소리라도 지른 날이면, 집에 돌아와 결국 후회한다. '누구는 화낼 줄 모르나!' 하다가도, '선생님인 내가 그렇게까지 화냈어야 했나?' 하고 자책한다. 아이들을 혼내고, 아이들이 반항하고, 반항하는 모습에 똑같이 화내고, 참지 못하고 화낸 것에 자책하는 무한 굴레에 빠지게 된다.

교사는 정말 화내면 안 될까? 우리가 성직자는 아니기에, 인간이기에 충분히 화가 날 수 있다. 짜증 섞인 투정을, 가시 돋친 말을 그냥 듣고만 있기란 힘들지 않은가. 그럼에도 우리의 상대가 아이들이라는 점을 항상 기억해야 한다고 생각한다.

교사가 분노를 그대로 말과 표정으로 옮기면 어떻게 되는지 우리는 이미 알고 있다. 상황이 나아지기는커녕 불에 기름을 붓는 꼴이 된다. 교사의 분노는 아이들의 마음을 더욱 꽁꽁 닫게 만들고,

때로는 큰 상처를 남기기도 한다.

　아이들의 화가 정말 나를 향하고 있는지를 생각해 봐야 한다. 전날 잠을 못 자서 온종일 짜증이 나 있는데 선생님의 잔소리를 들은 것일 수도 있다. 아니면 부모님께 혼이 나서 자신을 자책하고 있는데 선생님이 꾸중을 해서 불난 집에 부채질한 것이었을지도 모른다. 학생들이 소리치는 대상이 우리가 아닐 수도 있다. 오랫동안 쌓인 마음속의 화 때문이거나, 자기도 주체 못 하는 감정이 튀어나왔을지도 모른다.

　하루는 한 학생이 도덕 시간에 선생님과 크게 부딪히는 일이 생겼다. 그날 무슨 이유에서였는지 평소와는 다른 모습으로 선생님께 무척 반항적으로 굴었고, 심지어는 "그냥 선도 보내세요."라고 말하며 교실 문을 박차고 나갔다. 다른 학생들의 제보로 아이를 교무실로 불렀고, 내 앞에 앉아서도 흥분을 가라앉히지 못한 모습이었다. '나는 잘못이 없다.'는 자세였다.

　우리 반 반장이었는데 선생님들을 잘 따르기도 하고, 친구들과도 잘 지내는 그런 예쁜 학생이었다. 장난기가 없는 편은 아닌지라 가끔 선 넘는 장난에 혼이 나기도 했지만 반에 꼭 필요한 개구쟁이, 분위기 메이커였다.

　날 선 아이의 표정과 말에 솔직히 순간 화가 나기도 했다. "네가 뭘 잘했다고 버릇없게 나오는 거야?" 하고 소리치고 싶은 심정이었다. 그렇지만 화가 머리끝까지 난 아이를 당장 마주하기보다는 타임아웃 기법을 써보자는 마음이 들었다. 아이에게 잠깐 화를 가라앉힐 시간을 가지라고 한 다음, 점심시간에 다시 보자고 했다.

모두가 지켜보는 교무실이 아닌, 아이와 단둘이 말할 수 있는 공간이 필요했다. 조금은 침착해진 모습으로 나를 찾아온 아이를 데리고 교문 밖 카페에 갔다. 음료 하나를 사주고선 카페에 앉아 다시 대화를 시작했다. 나도 시간을 잠깐 갖고 나니 더 차분해졌다. 버럭 화내지 않고 따뜻한 말로 달래니 크게 혼날 줄 알았던 아이도 흠칫 놀란 표정이었다. "왜 그랬니?" 하고 물으니 그제야 순간 감정을 참지 못했다고 솔직하게 심정을 털어놓고는, 자신이 수업에서 보인 행동이 잘못되었음을 먼저 인정했다. 스스로 깨닫고 그날 선생님께 사과하는 아이의 모습을 보고, 화는 더 큰 화로 다스리는 것이 아님을 다시 한번 깨달았다.

우리의 상대는 결국 아이들이다. 아직은 마음과 생각이 말랑말랑한 친구들이다. 스스로 잘못되었다고 생각하면서도 그것을 자기 입으로 인정하기엔 힘든 나이이기도 하다. 그래서 아이들을 상대로 화가 날 수는 있지만, 똑같이 화를 내서는 안 된다고 생각한다. 아직 어린 저 친구들에게 불같이 화내는 것이 무슨 의미가 있을까. 대신 화가 난 아이들의 마음을 따뜻한 말로 달래 주고, 공감하고, 들어 주고, 이해해 보기로 했다. 아이의 감정이 가라앉으면 그때 단호하게 어떤 점이 잘못된 것인지를 알려 주면 된다. 화내지는 않더라도 단호하게 지도할 수 있으니 말이다. 물론 쉽지 않을 수 있다. 그래도 우리 함께 노력해 보면 어떨까?

5시 이후는
전화가 어렵습니다

 기나현

　교사는 워라벨이 잘 지켜지는 직업이라는 말이 있다. 지금에서야 그 말이 어느 정도 맞다고 생각하지만, 초임 시절의 나라면 고개를 갸웃할지도 모른다. 매일 쉬지 않고 터져대는 사고에 야근도 잦았고, 퇴근해서도 학교 생각으로 머릿속이 꽉 차버려서 마치 퇴근이 없는 직업처럼 느껴지기도 했다. 학교 일 생각으로 잠들기 전까지 머리가 복잡했다.

　퇴근 이후에도 쉴 새 없이 울려대는 연락도 한몫했다. 학생과 학부모님에게는 어쩌다 한 번 하는 연락이겠지만, 한 반에 30명 남짓의 학생이 있으니 모이면 절대 적지 않았다.

　학생들은 잘 모르고 실수하는 경우가 많다. 담임 선생님이 있는 단체 카톡방에서 한참 수다를 늘어놓기도 하고, 숙제나 궁금한 것들을 늦은 시간에 갑자기 묻기도 한다. 늦은 시간에 연락하는 것이 실례인 것조차 모르기 때문이다.

"쌤, 내일 영어 준비물 있어요?"

"금요일에 동아리예요?"

쌓여 있던 아이들의 연락에 답장하는 것이 나의 당연한 하루 마무리였다.

학부모님이라고 크게 다르지는 않았다. 퇴근 시간이 지났음에도 큰일이라도 난 듯이 나를 찾는 분들이 있었다. 첫해의 기억을 되살려보면, 친구 관계로 많이 괴로워하던 학생이 하나 있었다. 원래는 단짝이던 같은 반 학생과 싸우면서 문제가 생긴 건데, 몇 번이고 상담하고 중재에 나섰지만 감정의 골이 깊어질 만큼 깊어져서인지 도무지 해결이 안 되었다.

학교에서 있던 일로 그 학생은 매일같이 집에서 울었다. 부모님도 그 모습을 가만히 보고 있기 어려우셨을 거다. 답답한 심경으로 하루가 멀다고 나에게 도움을 청하셨다. 저녁 식사를 끝내고는 어머님과 전화상담 하는 것이 일상처럼 느껴지던 나날이었다.

다른 한 분은 학교에 불만이 많은 학부모님이었다. 자주 전화로 학교 운영에 대한 불만 사항을 털어놓으시는데, 하루는 수학여행 안내 가정통신문을 보고는 연락이 왔다. 퇴근 시간이 한참 지나고

난 뒤였다. 처음에는 일이 있어 받지 못했는데, 쌓여 있는 부재중 전화를 보고는 급한 일인 것 같아 전화했다.

받아보니 별다른 요구 사항이 있던 것이 아니고, 단지 한참 불만을 늘어놓으셨을 뿐이었다. 왜 2박 3일로 가지 않고, 1박 2일로 가는 것인지, 왜 제주도가 아니라 강원도로 가는 것인지, 내게 이야기해서 해결될 것이 없음을 아시면서도 당장 감정을 털어낼 창구가 필요했던 거였다. 그렇게 3년간 퇴근 없는 삶을 살았다. 물론 이렇게 생각할 수도 있다.

'전화야 안 받으면 그만이지.'

'답장도 안 하면 되는 거 아니야?'

하지만 말처럼 쉽지는 않았다. 퇴근하고 휴대폰을 보다가도 학생, 학부모님의 연락 알림이 뜨면 그때부터 무슨 일인지 당장 확인해야 할 것만 같은 찜찜한 기분이 들었다.

그래서 내 해결책이 있다. 폰을 두 개 쓰기로 한 것이다. 갖고 있던 공기계로 알뜰폰을 하나 개통했다. 한 달에 5천 원 정도의 돈만 더 내면 되고, 방법도 간단하다. 그리고 퇴근 시간 이후의 연락은 되도록이면 받지 않겠다는 철칙을 하나 세웠다.

철칙을 지켜내기 위해 우선 학기 초에 담임 반 학생들을 대상으로 문자 예절에 관해 교육하는 시간을 가졌다. 저녁 시간에 선생님에게 연락할 일이 생긴다면, 전화보다는 문자로 용건을 남기는 것이 좋다는 내용이다.

"내일 시간표 바뀌어요?" 대신에 "안녕하세요, 선생님. 늦은 시간 연락드려 죄송합니다. 1학년 1반 나현이예요. 혹시 내일 시간표가 바뀌는지 알려 주실 수 있을까요?"라고 보내도록 가르쳤다.

여러 사례를 들어 연습도 하니 정말 놀라운 결과가 나타났다. 중학교 1학년이라 아직 어렵지 않을까 했는데, 학년 말까지도 잘 지키는 걸 보니 학생들은 정말 몰랐던 거였구나 하고 생각했다.

또 학기 초에는 학부모님에게 담임 소개서를 보내드린다. 나에 관한 간단한 소개에 더불어 연락처를 적어 보내는데, 그곳에 퇴근 시간 이후에는 전화보다는 문자를 남겨 달라는 당부를 덧붙였다. 혹시 급한 일은 문자로 보내시면 확인 후 바로 연락드리겠다는 말을 덧붙인다. 카카오톡 상태 메시지에도 '5시 이후에는 전화가 어렵습니다'라는 문구를 적어 놓았다. 이런 덕분인지 투폰을 만든 이후에는 무리하게 늦은 시간 전화상담을 요청하시는 분들이 확연히 적어졌다.

물론 여전히 늦은 시간에 연락하는 학생, 학부모님이 가끔 있긴 하지만 투폰을 쓰다 보니 확실히 신경을 덜 쓰게 되었다. 퇴근하고는 업무용 휴대폰을 잘 확인하지 않으니, 답장해야 한다는 찝찝한 마음도 들지 않았다.

혹여나 보게 되더라도 저녁이 아니라, 아침에 출근하면서 답장한다. 초반에 이렇게 대응하다 보니, 웬만한 연락은 거의 일과 중에 오게 되었다. 급한 경우도 문자로 용건을 남겨 주시니 연락하기도 훨씬 편해졌다.

퇴근하고 나서의 연락들이 사라지니 퇴근 후의 삶은 온전히 나의 것으로 만들 수 있었다. 학교 스트레스로부터 잠시나마 숨돌릴 틈이 생겼다. 저녁에는 학교 생각에서 벗어나 충분히 휴식을 취했다. 그렇게 푹 쉬고 다시 학교에 가면, 더욱 건강한 마음으로 아이들을 대할 수가 있다.

그래서 다른 선생님들께도 퇴근한 뒤부터는 학교 일에서 벗어나시기를 추천한다. 부재중 전화가 있다고 해서 '학생에게 무슨 큰일이 생긴 거면 어쩌지?' '학부모님이 급하게 내 도움이 필요하시면 어쩌지?' 하는 생각은 내려놓으셔도 된다고 본다.

솔직히 말해서 학생이 아프면 119를 부르는 편이 좋고, 학생의 신변에 문제가 생기면 교사에게 연락하는 것보다 112에 전화하는 것이 더 낫다. 우리가 저녁에 알게 된다고 해서 당장 해결할 수 있는 일은 사실상 거의 없다. 학교에 가야만 협의가 되고, 그 이후 해결책이 나오는 일이 더 많다.

그러니 우리, 퇴근하고도 연락을 꼭 받아야만 한다는 부담은 조금 내려놓자. 학교에 있는 시간 동안 우리 학생들에게 최선을 다한다면 그것으로도 이미 충분하지 않을까?

나도 모르게
눈치를 봅니다

 신영환

13년 동안 학교는 3곳, 교무실은 7곳을 경험했다. 매년 장소도 바뀌고, 같이 근무하는 교무실 선생님들도 바뀌는 학기 초에는 탐색전에 들어간다. 쉽게 말해 눈치를 보는 것이다. 교무실 분위기에 따라서 어떻게 행동을 하는 게 좋을지 판단하기 위해서다. 물론 교무실 분위기는 구성원의 성향이나 부장님의 운영방침에 따라 다르다. 그러다 보니 참 많은 일이 생기기 마련이다.

부서마다 다르지만, 대부분 총무를 정하고 비품이나 간식 등 교무실에 필요한 물품을 사두고 함께 쓰는 경우가 많다. 공동의 물건을 소유하여 함께 나눈다는 의미다. 당연히 공동체 생활에서 도움이 되는 게 맞다고 생각한다. 하지만 가끔씩 생각이 다른 선생님들과 함께 생활하게 되면 이슈가 생긴다.

한번은 간식을 엄청 좋아하는 선생님과 다이어트 한다고 간식을 전혀 안 먹는 선생님이 함께 있는 교무실에서 생활을 한 적이 있다. 자연스럽게 두 선생님의 신경전이 시작되었다. 매달 물품을 구매할 때 서로 의견 차이가 생겼다. 간식을 안 먹는 사람도 있는데 너무 간식을 많이 사는 게 아니냐는 의견 때문에 충돌했다.

이로 인해 학년 회의가 열렸다. 학년 부라서 10개 반 담임 교사와 학년 부장 교사까지 11명이 모두 모여 간식비를 걷느냐 안 걷느냐의 안건이었다. 결국엔 다수결로 정했다. 회비는 계속 걷되 공평하게 필요한 물건을 살 수 있도록 미리 조사하고 동의를 구해서 진행하자는 결론으로 마무리되었다. 하지만 이미 신경전이 벌어진 터라 나머지 선생님들은 그 두 분이 행여나 또 부딪힐까 봐 1년 내내 숨죽이며 간식 이야기는 꺼내지 않았다. 조용히 메신저로 물품 구입 의사를 묻고 정리하여 구입을 진행했다.

그렇게 일단락되었으나 분위기는 가끔씩 냉랭했다. 하루 종일 생활하는 교무실에서 사소한 일로 다툼이 발생하니 서로 눈치 보느라 말수도 많이 줄었다. 사실 학교생활도 우리 삶의 일부인데 이렇게 눈치를 보기 시작하니 답답했다.

또 한번은 자존심 센 선생님들의 알력 싸움에 새우등 터질까 조마조마하며 살았던 적이 있다. 학교에 있다 보면 젊은 부장 선생님과 경력이 많고 퇴직이 얼마 남지 않은 부원 선생님으로 구성될 때가 있다. 퇴직이 얼마 남지 않은 선생님 중엔 부장교사를 하기보다 평교사로 근무하시는 경우가 많다.

인정할 건 인정하고 도와줄 수 있는 건 도와줘야 하는데, 가끔 자존심을 내려놓지 않고 서로 힘겨루기를 하는 경우가 있다. 그러면 나머지 신규교사나 저경력 교사들은 그 두 사람 사이에서 눈치 보느라 매일 학교 가는 게 부담스러워진다. 특히 아무리 올바른 의견이 있어도 누군가의 의견에 동조하면 그 하루는 분위기가 매우 험악해진다. 우리는 무슨 죄라고 그런 상황에 놓이는지 가끔은 억울하기도 하다.

이때 중간 정도의 경력이 있는 교사가 필요하다. 성격도 둥글둥글 넉살 좋게 분위기 전환을 시도할 수 있으면 더 좋다. 그런 중재자가 한 명이라도 있으면 다시 교무실 분위기는 살아난다. 하지만 다들 성격이 눈치만 보는 성격이라면 정말 숨이 막힌다. 누구의 편도 아닌데 괜히 서로 자기편을 만들려고 하니 계속 불편해지는 것이다.

이제는 내가 그 중간 역할을 하는 경력이 되었다. 눈치를 잠깐 보다가 빠르게 판단하고 상황을 어떻게 전화위복으로 만들 것인지 고민한다. 사립 학교에 있으니 어느 선생님이 어떤 것에 불편해하고 기분 나빠하는지 알기에 그런 상황이 오기 전에 미리 손을 써서 폭풍을 예방한다. 그래서인지 신규 선생님들이 나에게 의지하는 듯하다. 비록 지붕까지는 아니더라도 우산이라도 되어 비를 막아줄 수 있으니 다행이라 생각한다.

20~30년을 함께 지내야 하는 한 학교에서 성향이 맞지 않아서 불편한 사람이 생긴 경우도 생긴다. 사실 나도 그런 사람이 있었다. 40년 가까이 인간관계로 고민한 적이 단 한 번도 없었는데, 인생 최대 위기가 왔다. 게다가 같은 교무실에서 몇 년간 같이 생활하니 피할 수도 없었다. 부딪히지 않으려면 항상 눈치를 봐야 하는 상황이 온 것이다. 물론 다른 선생님도 불편해했다. 그래서 서로 눈치 보면서 피해를 입지 않으려고 노력하는 모습이 역력했다.

나도 학교생활 눈치 안 보고 편하게 하고 싶다. 그런데 평생 봐야 할 직장이니 누군가와 사이가 틀어지거나 불편한 관계가 되면 남은 삶이 괴로울 것 같아서 조심하게 된다. 공립 학교라면 몇 년 후에 다른 학교로 가서 안 볼 수 있겠지만, 사립 학교는 함께 가야 하니 그런 점에서 더 민감할 수밖에 없다.

그동안 살면서 불편하다고 느끼면 피하거나 도망갈 수 있었지만, 여기서는 그럴 수 없으니 부딪히지 않기 위해서 눈치를 본다. 나도 뭐가 정답인지 모르겠다. 다만 평화주의자로서 남은 학교생활 속에 불편한 일을 만들지 않고자 노력한다. 지금은 덜 하지만, 초임

때는 정말 숨 막힐 정도로 눈치를 많이 봤던 것 같다.

그리고 안타깝게도 중간에 낀 세대로서 이제는 신규 선생님들의 눈치도 보기 시작했다. 행여나 내가 꼰대가 되지는 않을까 걱정이다. 내가 겪은 대로 하면 분명 꼰대가 될 테니 그렇게 하지 않으려고 노력하는데, 내 기준이 신규 선생님들의 기준에 맞을지 몰라 눈치를 본다. 말 한마디에도 상처를 줄 수 있으니 조심스럽다. 어쩔 수 없지만 직장에서는 평생 이렇게 눈치 보면서 살 것 같다.

오늘도
학부모 민원 24시

 신영환

교사로서 학교에서 가장 힘든 일이 뭘까? 사람마다 기준은 다르
겠지만 나는 수업보다도, 업무보다도, 상담보다도 혹은 그 무엇보
다도 가장 어렵고 힘든 일은 부모님과의 대화라고 생각한다. 특히
부모님에게 전화가 오거나 학교에 방문을 하시는 경우에는 좋은
일보다는 그 반대인 경우가 대부분이다.

그나마 아이의 학업이나 진로에 대한 고민이 있어서 연락하는
경우에는 괜찮다. 당장 해결책을 찾을 수는 없더라도 아이를 가르
치는 선생님과 대화를 통해 나은 방향으로 갈 수 있기 때문이다. 조
언이나 의견을 듣기 위해 전화를 한 것이니 부모님들의 태도는 매
우 공손하다. 물론 신규교사 때든 지금이든 이유 불문 부모님께 연

락이 오면 심장이 두근두근 뛴다. 아무래도 신경을 많이 써야 하기 때문이다.

그럼에도 불구하고 고3 담임을 4년간 하면서 사명감을 가지고 우리 아이들의 진로와 진학에 집중하기 위해 여름방학 때는 거의 모든 학부모님을 학교에 모셔서 아이 진학 상담을 진행했다. 아버님이 오시는 경우에 더 긴장하는데, 아무래도 군대 문화를 겪으며 남자 어른에게는 조금 더 바짝 긴장하는 일이 많아 그런 것 같다. 막상 만나면 또 괜찮기는 하지만, 학교에 오시기 전까지 준비하면서 입술이 바짝 마르는 건 어쩔 수 없다.

괴로운 일은 학교폭력이 발생하거나, 학교에서 진행하는 일 중에 문제가 될 만한 사안이 있어서 문의나 건의하기 위해 연락하는 경우다. 특히 요새는 코로나 이후 자주 발생하는 온라인 학교폭력 사안으로 연락이 오는 경우가 많다.

담임 교사로서 1차적으로 사안을 확인하고 조치를 취해야 하기에 연락은 필수다. 만일 정도가 심각하면 학생부로 사안이 접수되어 진행된다. 이 과정에서 교사는 양쪽 부모와의 통화 혹은 면담을 통해 문제를 해결하기 위해 주야장천 뛰어다녀야 한다. 양쪽 의견 차이로 중간에서 이러지도 못하고 저러지도 못하는 경우도 많다. 이런 일이 발생하면 본전도 못 찾는 일이 되어 버린다.

첫 번째는 일단 해결까지 정말 오랜 시간이 걸린다는 것이고, 두 번째는 밤낮 대중 없이 계속 긴밀하게 연락을 취해야 한다는 것이다. 학부모님들도 일을 하시면 일과 중에 통화를 할 수 없으니 저녁에도 밤에도 통화할 일이 생긴다. 이미 학교를 떠나서 내 보금자리로 돌아왔는데, 가족과 시간을 보내지 못하고 민원에 매달려야 하는 것이다.

물론 우리 학급 아이의 긴급 사안이니 시간, 장소 상관없이 최선을 다해 제대로 일을 해결해야 한다고 생각한다. 하지만 교사도 사람이기에 힘들지 않을 수 없다. 사람들은 교사가 모든 걸 다 이해하고, 많은 걸 알고 있을 거라고 생각하기 쉽다. 하지만 교사는 학교에서 근무할 뿐 똑같은 사람이라고 말하고 싶다.

부모님이 감정적으로 대하면 상처받는다. 신규교사라면 부모님들과는 나이 차이가 나서 더 어려운 상황에 놓이기도 한다. 가끔 선생님을 무시하는 경우도 있다. 예를 들어 "아직 자녀가 없어서 모르시겠지만" 혹은 "아직 경험이 부족하실 테니" 등 굳이 하지 않아도 될 말을 하시면서 감정을 건드리기도 한다. 물론 훌륭한 인성과 우호적인 태도로 교사를 대해 주시는 부모님들도 계신다.

학교폭력 사안 외에도 정말 사소한 것 하나하나도 문의 전화 혹은 불편함을 호소하는 민원 전화가 시도 때도 없이 울린다. 특목고지만 기숙사가 있는 학교가 아니라서 통학버스를 타고 아이들이 등하교를 하는데, 통학버스 관련 사안을 학교로 전화해서 문의하거나 불만을 토로할 때도 있다. 사실 통학버스를 학교에서 관리하지는 않는다. 다만 아이들에게 무슨 일이 있을 때를 대비해서 어떤 노선으로 운영되고, 학생은 누가 타는지 정도만 파악하고 있다.

그런데 부모님들은 통학버스 기사님께 알아봐야 할 일을 학교에 전화해서 처리하고자 하실 때가 많다. 원칙대로라면 굳이 대응을 하거나 처리할 필요가 없지만, 사람이 하는 일이다 보니 친절하게 응대하면서 기사님께 연락을 드려서 민원을 해결하려고 노력한다. 게다가 안전사고 방지를 위해 운전자 교육 등을 실시하면서 조금이라도 학생들이 안전하게 학교에 다닐 수 있게 노력한다.

그럼에도 문제가 생길 때만 화가 많이 나서 학교에 민원을 넣는 경우가 있다. 안타까운 마음은 이해가 가지만 하루에 이런 전화를 여러 번 받는 선생님은 자기 업무도 제대로 못하고, 수업 준비도 못하고, 정신없이 민원 전화만 받다가 하루가 다 가는 경우도 있다.

시대가 변해서인지 교사의 역할이 많이 변했다고 종종 느낄 때가 있다. 예전에는 교사는 수업을 통해 학생들에게 지식과 정보를 전달하고, 상담이나 인성교육과 같은 활동을 통해 아이들을 성장시키는 사람이라고 생각했다. 하지만 지금은 사소한 일이라도 문제가 발생하면 바로 연락해서 해결을 요청하는 일이 많아져서 24시 민원 처리반 같은 느낌이 들 때가 많다. 정말 가끔은 내가 교사인지 민원 처리 직원인지 모르겠다.

이제는 교육 서비스를 제공하는 사람이 교사가 아닌가 싶다. 수업만 하고 아이들과 소통하려고 교사가 되었다면 마음의 준비를 해야 할 것이다. 우리는 그 외에도 많은 일을 해야 하기 때문이다. 업무뿐만 아니라 학교에 속한 누군가의 어려움을 해결하고 처리하는 사람으로서도 역할을 해야 하니까.

교사 역할 하기가 힘들다고 징징대는 게 아니라, 여러 경험과 사례를 통해 학교 현장에서는 여러 일이 발생한다는 걸 공유하고 싶다. 시대에 맞게 교사도 변화하고 적응하여 더 역량 있는 교사로 성장하고, 학생들도 학부모님들도 행복하게 함께 지낼 수 있는 분위기를 만들 필요가 있다고 생각한다. 그러니 혹시나 업무 중에 민원으로 힘들어도 힘내길 바란다.

알고 보면
퇴근이 없는 삶

 신영환

휴대전화가 없던 시절, 선생님들은 퇴근 뒤엔 학생과 연락할 일이 많지 않았다. 지금은 상황이 매우 다르다. 전화든 문자든 카톡이든 언제 어디서나 연락이 닿으니까 말이다.

이 상황을 부정적으로 비유해 보자면, 우리는 24시간 통신의 감옥에 사는 것 같다. 이른 아침이든, 늦은 밤이든, 심지어 야심한 새벽이든 연락이 오기 때문이다.

내가 처음으로 담임 교사를 할 때였다. 내가 맡은 고3 학생들에게 혹시라도 무슨 일이 생기면 함께 책임져야겠다는 마음이 강했다. 그래서 학급 아이들에게 연락처를 알려 주었고, 심지어 학부모 총회 때 부모님들께 명함을 돌렸다. 그런데 이게 퇴근 이후의 삶을 발목잡을 줄은 꿈에도 몰랐다.

나는 당연히 긴급한 상황에서만 연락이 올 줄 알았지만, 입시에 관해 궁금한 점이 있거나, 아이가 공부에 소홀하거나, 집에서 부모와 아이가 싸우는 등 다양한 이슈가 있을 때마다 나에게 연락을 해왔다. 물론 처음에는 사명감을 가지고 문제 해결을 위해 최선을 다했지만 일주일에 하루 이틀 정도면 모를까, 누군가와 매일 같은 주제로 연락하는 일이 생기니 나도 점점 힘들어졌다.

학급에 스스로 왕따를 자청하는 아이가 있었다. 학기 초부터 자퇴를 하겠다고 했다가, 갑자기 마음을 바꾸어 학교에 다니겠다고 했다. 처음부터 관심 있게 지켜봐야 할 아이라고 생각했다. 대한민국이라는 나라, 교육 정책을 시행하는 교육부, 학생들을 관리하는 학교 시스템을 부정하고, 처음에는 담임 교사인 나에게도 눈도 마주치지 않은 채 매우 불손한 태도를 보였다.

그러다 일이 벌어졌다. 이 학생이 수업 시간에 한 선생님과 논쟁이 붙었다. 어쩔 수 없이 내가 상담을 진행했다. 외국에 오래 살다가 온 것을 알고 있어서 나도 마음을 열고 대화하려고 노력했다. 다행히도 내 노력이 통했는지 아니면 자신을 믿어주고 이해한다는 느낌을 받았는지, 마지막에는 먼저 잘 부탁한다고 말하면서 악수를 청했다. 역시나 범상치 않은 아이였으나 그래도 내게 마음을 여는 것 같아 다행이라 생각했다.

하지만 딱 거기까지였다. 나와는 괜찮은 관계를 유지했지만 계속 이런저런 사건이 생겼다. 학교에 오지 않겠다고 부모님과 싸우고 결석하거나, 수업은 내 시간을 제외하고는 거의 잠만 잤다. 대학은커녕 고등학교나 잘 졸업할 수 있을까 걱정스러웠다. 몸도 약했지만 마음도 아픈 친구였기에 내가 더 노력하기로 했다.

우선 어머니와 거의 매일 통화나 문자를 하면서 아이가 집에서 너무 스트레스를 받지 않게 했다. 그때는 내 아내보다 그 학생 어머니와 더 많이 연락했던 것 같다. 매일 머리를 맞대고 전략을 짰다. 첫째 목표는 아이가 고등학교를 무사히 졸업하는 것이었고, 출결이 가장 중요하니 어떻게든 학교에 나오게 해야 했다. 생각해낸 방법은 바로 잠을 자더라도 학교에 와서 자도록 한 것이다. 위기가 자주 찾아오긴 했지만, 다행히 졸업할 수 있는 기준은 충분히 채웠다.

둘째 목표는 그래도 혹시나 국내 대학에 진학할 방법을 찾는 것이었다. 그때는 어학 특기자 전형이 많이 있을 때였고 일부 대학은 순수 언어 능력만으로도 합격할 수 있는 곳이 있었다. 어머니께서는 급하게 관련 정보를 찾아보셨고, 나와 긴밀하게 공조하여 아이가 진학 준비를 할 수 있도록 설득했다. 다행히 언어를 많이 좋아하는 아이여서 순순히 입시 준비를 했다. 하지만 상황이 발생할 때마다 어머니께 연락이 왔고, 문제 해결을 위해서 항상 함께 노력했다.

사실 다른 선생님들은 굳이 그렇게까지 할 필요가 있느냐고 했다. 다들 내가 안타까워 보여서 해준 위로이자 조언이다. 하지만 나는 그 학생에게 알려 주고 싶었다. 세상엔 적어도 너를 믿고 지지하고 응원하는 어른 한 명이 있다는 것을 말이다. 어머니와 매일 연락할 때마다 스트레스가 컸지만 참고 견뎠다. 사건은 24시간 언제 발생할지 몰랐기에 5분 대기조나 마찬가지인 그런 상황 속에서 1년을 보냈다.

드디어 입시 결과가 나오는 시기, 특기자 전형 발표가 시작되었다. 놀랍게도 그 아이는 자신이 지원한 학교 중에서 가장 좋은 학교에 합격했다. 당연히 아이의 역량이 뛰어났기에 좋은 결과로 이어졌다고 생각한다. 하지만 백조가 물 위에 뜨기 위해 수천 번의 발차기를 해야 하는 것처럼, 누군가의 희생과 노력도 있었다고 생각한다. 결국 학생, 부모님, 교사로서 각자 최선의 노력을 다했기에 삼박자가 잘 맞았다고 생각한다.

그렇게 호되게 담임 교사 신고식을 치르니, 다음 해부터는 많은 부모님 혹은 학생에게 대중 없이 사소하게 연락이 많이 왔어도 그리 부담되지 않았다. 사람이 큰일을 치르면 작은 일은 내성 덕분인지 버티는 힘이 생긴다. 예방주사를 제대로 맞았기에 4년 연속 고3 담임을 하면서 종종 스트레스는 받았지만 무사히 넘길 수 있었던 것 같다.

그 후 비담임을 맡으면서 24시간 통신 감옥에서 탈출하나 싶었다. 하지만 코로나로 연락이 더 활발해졌고, 아이들의 성향도 많이 바뀌었다. 동아리 전체를 담당하는 교사로서 단순히 학교 전화나 알리미를 통해 전달하는 데는 한계가 있었다. 신속성도 떨어질 뿐만 아니라 아이들이 확인하지 않으면 연락할 수 없었기 때문이다. 그런데 학교에 나오지 않고 집에서 수업을 들으니 답답해 미칠 지경에 이르렀다.

결국 해결책으로 내 연락처를 안내하고 전화나 카톡으로 빠르게 연락하기 시작했다. 50개가 넘는 동아리 회장들과 연락을 하면서 내 전화기에서는 불이 났다. 낮에도 밤에도 언제라도 누군가에게 계속 연락이 왔다. 평소라면 저녁이나 밤에는 자제를 부탁했지만, 축제 관련 업무 등 긴급하게 연락하는 상황이 오면 새벽까지도 연락을 받으며 일을 처리했다.

그 기간에는 다시금 내가 교사인지 아닌지 정체성 혼란이 오고, 나의 워라밸은 어디 있나 찾게 되었다. 그런데 이것도 신기하게 몇 번의 홍역을 치르고 나니 적응이 되었다. 이제는 각 학급 교과부장과도 연락처를 공유했고, 심지어 오픈 채팅방을 열어서 수업 시간에 활발하게 활용한다. 아침에도, 점심에도, 저녁에도, 밤에도, 새벽에도 아이들의 필요에 따라 연락이 오지만 이제는 해탈의 경지에 이른 것 같다.

다른 선생님들에겐 나처럼 하시라고 권하지는 못한다. 주변에 현명한 사람들의 방법을 공유하자면 다음과 같다.

첫째, 학교 내선 전화번호 외에는 개인 연락처를 절대 알리지 않는다. 해결이 안 되면 안 되는 대로 그냥 업무를 진행하면 된다.

둘째, 개인 연락처와 업무용 연락처 두 개를 가지고서 운영한다. 쉽게 말해 휴대폰 두 대를 사용한다. 업무용은 학교 일과 시간 외에는 일체 쳐다보지 않는다.

사실 나도 뭐가 정답인지 모르겠다. 개인 성향에 따라 어느 선택을 했을 때 덜 스트레스를 받을지 고민하면 좋겠다. 나는 연락이 안되는 데 더 스트레스를 받기에 이런 선택을 했고, 이제는 적응했다. 언제나처럼 선택은 각자의 몫이지만, 사실 방법보다는 어떻게 적응하느냐가 관건이 아닐까 싶다.

선생님이
주말에
학교를 왜 가요?

 신영환

공무원이라고 하면 보통 주 5일 근무 확실하다고 생각하고, 교사라고 하면 더욱 방학까지 있으니 좋겠다고 생각하는 사람이 많다. 그런데 현실은 다르다. 공무원 중에서도 위기 대응 관련 부서에 있으면 밤낮 대중없고, 주말에도 비상근무를 하는 경우가 있기 때문이다. 사실 교사도 마찬가지다.

내가 처음 학교에서 근무할 때는 주 5일제 시행이 아직 확대되지 않았던 터라 토요일에도 학교에 나왔다. 물론 2주에 한 번씩은 쉬었기 때문에 '노는 토요일'이라는 의미의 '놀토'라는 말이 생겼다. 그러다가 드디어 주 5일제 전면 시행으로 공공기관에선 확실하게 주말이 보장되었다.

내가 두 번째로 근무하던 학교에서부터 주 5일만 근무하면 되었지만, 토요일에도 운영하는 주말 프로그램이 있어서 최소한 한 달에 한 번 이상 학교에 나와서 근무를 했다. 그런데 이 학교도 양호한 편이었다. 세 번째이자 지금까지 계속 몸담고 있는 현재 학교에서는 주말 행사, 주말 자습, 심지어 명절 자습까지 평일과 주말이 구분이 잘 안 되는 시스템이었다.

수십 년간 해온 문화를 하루아침에 바꾸기란 쉽지 않다. 선생님들은 그동안 해오던 일이라서 크게 신경 쓰지 않는 것 같았다. 처음에는 당연히 심적인 부담을 느꼈다. 내 순번이 되면 주말에 나와서 아침 8시부터 오후 5시까지 자습 감독을 했다. 정말 주말 하루를 온전히 학교에서 보냈다. 1~3학년 모두 도서관에서 자습해서 다행히 평소와 달리 계속 순회하는 일은 적은 대신, 행여나 교실에 머무르는 학생들이 있을까 봐 정해진 시간에 순찰을 돌아야 했다.

초과근무는 평일이든 주말이든 휴일이든 수당이 지급된다. 다만 하루에 총 4시간을 넘기지 못한다. 그리고 한 달에는 총 57시간을 넘길 수 없다. 또한 평일에는 저녁 식사 시간 1시간은 제외하고 책정하기에 만일 일과 후 1시간만 남는다면 큰 의미가 없다. 그래도 자주 야근하는 학교에선 5분, 10분이라도 받을 수 있다면 초과근무 신청을 하는 게 좋다. 나중에 5분, 10분이 모여서 1시간으로 인정되기 때문이다.

주말이나 휴일에는 초과근무를 신청할 때 '휴일'이라는 부분에 체크하면 평일처럼 1시간 제외를 하지 않는다. 순수하게 일한 만큼 근무 수당을 받을 수 있다. 하지만 주말에 나처럼 자습 감독을 하면서 9시간 일해도 4시간만 인정된다는 게 함정이다. 그래도 무급으로 일하는 것보다는 수당을 받으니 괜찮은 것 같기도 하다.

초과근무 수당은 1시간에 1만 원 조금 넘는 돈이다. 사기업처럼 근무 시간 외 추가 수당이 1.5배, 2배로 잡히지 않는다. 교사는 순수하게 봉사의 자세로 초과근무에 임해야 한다.

사실 주말 자습은 시작에 불과하다. 학교마다 다르겠지만, 명절에도 365일 쉬지 않고 자습하는 학교여서 명절 근무가 있었다. 5~6년에 한 번씩은 순번이 돌아온다. 근무에 걸리면 가족과 시간을 보내지 못하고 학교에서 자습하는 학생들을 돌봐야 한다.

사실 명절 자습은 일반적이지는 않은 경우다. 특목고, 자사고, 혹은 특성화고의 경우에는 학생들은 선발하기 때문에 입학설명회를 진행해야 한다. 그런데 보통 이 설명회는 평일보다는 주말에 진행하는 경우가 많다. 게다가 대규모 행사로 진행하기 때문에 담당자만 일을 하는 게 아니라 교사와 학생 모두 행사에 참여한다. 코로나 이전에는 거의 모두 대면 행사가 진행되어 집에 큰일이 없는 이상 무조건 이 행사에는 참여했다.

코로나 시기에는 비대면으로도 진행하거나 수백 명이 모이기에는 방역 수칙상 위험성이 있으니 소수로 여러 번 나눠서 진행했다. 하지만 코로나가 끝나고부터는 다시 대면으로 수백 명이 모이는 행사가 주말에 종종 진행되고 있다. 특히 연말에 선발을 위한 행사는 여전히 학생들이 면접을 보러 오니 전 교사와 일부 학생들이 학교에 나와서 주말에 행사를 진행한다.

물론 일부 선생님들은 선발위원으로 선정되어 방학 때 연수를 받고, 선발 시기에는 3박 4일 정도 합숙을 하며 면접 문항을 출제한다. 늦은 밤까지 쉬지 않고 계속 문항을 만들고 토의하는 역할이다. 물론 선발하지 않는 학교는 해당하지 않겠지만 어떤 학교급이든 선발이 있는 학교라면 비슷한 상황이 아닐까 생각한다.

기대보다 실망스러운 환경일지도 모르겠다. 하지만 경험에 기반한 현실을 전하고자 한다.

학교는 이윤을 추구하고 성과를 내는 사기업과는 다르다. 교사는 성과에 대한 부담도 없으니 학교를 위해서 일한다고 보기는 어렵다.

그렇다면 교사는 누구를 위해 일하는 걸까? 나는 단언컨대 학생이라고 말한다. 나도 처음에는 학교를 위해 일한다고 생각했고, 가끔은 학교 시스템이 마음에 들지 않은 적도 있었다. 하지만 모든 활동과 업무는 학생을 위한 것이라 생각하니 마음이 한결 편안해졌다. 내가 교사가 되려고 한 건 학교를 위해서가 아니라 학생을 위해서다. 비록 주말까지 나와서 업무를 하면 제대로 쉬지 못해 몸은 힘들지만, 긍정적인 마음을 지니고 있다.

다행히도 코로나 이후 대면 행사가 많이 사라진 건 사실이다. 이제는 주말 자습도 휴일 자습도 사라졌다. 게다가 내가 처음에 학교에 왔을 때는 평일에도 야근하는 게 당연한 분위기였는데, 이제는 각자 할 일을 마무리하면 야근하지 않고 퇴근하는 문화로 바뀌었다.

세상이 변하면서 학교가 변하고 학생도 변하니, 교사인 우리들도 여러 면에서 변하게 되는 것 같다. 개인의 삶과 워라밸을 중요하게 생각하는 선생님들과, 이런 변화가 과거에는 상상도 못 할 일이라고 말하는 선생님들이 함께 일하고 있다.

나도 혼자일 때는 그냥저냥 괜찮았는데, 가족이 생기니 주말에는 더욱 가족을 위한 시간이 중요하다고 생각한다. 그래서 주말에 추가로 일하는 건 별로 내키지는 않지만 어쩔 수 없는 상황이다. 너무 스트레스받지 않고, 긍정적으로 받아들이고 웃으면서 일하는 여유가 있으면 좋겠다. 물론 쉬운 일은 아니겠지만 말이다. 아무튼 어려운 상황 속에서 스트레스를 받고 있다면, 그래도 힘내라고 응원해 드리고 싶다.

선생님도
다 아는 건
아니지만

 신영환

교사의 길을 선택한 뒤부터 결코 쉽지 않은 시간을 보내왔지만, 교사로서 능력 면에서 좌절하는 순간이 있었다.

보통 담임 교사라고 하면 학급운영이 가장 중요한데, 특수한 담임도 있다. 바로 고3 담임이다. 학급운영보다 대학 입시가 더 중요하다. 나는 첫 담임으로 고3을 맡았다. 그것도 입시에 민감한 특목고에서 말이다. 진로 진학지도를 해야 하는데, 교사로서 모든 직업을 알 수 없으니 난감했다.

비담임을 6년 동안 계속하면서 교사로서 정체성이 흔들릴 때쯤 다행히 담임 교사가 되었지만, 내가 바라던 시나리오가 펼쳐지지는 않았다. 나는 아이들과 알콩달콩 학급을 같이 운영하면서 즐거운 추억을 많이 쌓고 싶었다. 하지만 고3 담임에게는 언감생심이다. 이미 공부에 찌든 아이들과, 입시 준비로 민감한 숨 막히는 학급 분위기에 정신을 차릴 수 없었다.

대학 입시 결과를 중요시하는 특목고에서 고3이란 또 다른 직업을 갖는 일과 같다고 생각한다. 공개적으로 누가 더 잘했는지 결과를 공유하는 건 아니지만, 입시 결과를 놓고 어느 반이 더 잘 갔는지 아닌지는 서로 이야기 나누기 때문이다. 입시에서 가장 중요한 건 아이들의 역량이지만, 결국 교사가 전략을 잘 제시해 줬을 때 빛을 발할 수 있다.

고3 담임 교사로 다음 해를 보낸다는 사실을 알았을 때 희비가 교차했다. 드디어 내 학급 아이들이 생긴다는 기쁨과 동시에, 대학 입시를 잘 모르는데 어떻게 해야 하나 걱정이 한가득이었다. 또한 그 시절에는 생활기록부 글자 수가 줄지 않았던 터라 작성해야 할 생기부 평가 분량도 어마무시했다. 진학지도와 생기부 작성에 대한 부담감이 크게 밀려왔다.

정말 아주 다행히도 내 옆에 친절하고 상냥한 선생님이 있어서 첫해를 무사히 보낼 수 있었다. 물론 내가 그 선생님이 조언해 주신 대로 실천했기에 가능했던 일이라 생각한다. 내가 걱정하는 부분이 무엇인지 알고 봄 방학 동안 해야 할 과제를 제시해 주셨다. 일단 대학 입학 전형에 대해 이해할 수 있도록 자신이 연구하는 유튜브 영상 링크와 서울대학교에서 개발한 200페이지가 넘는 생활기록부 관련 연구 자료 파일도 주셨다. 보내주신 링크 영상을 보며 대학 입시 제도를 정확하게 파악할 수 있었다. 개념이 이해되니 학교에서 진행했던 전문 학습 공동체 시간에 각 학교 정보를 분석하고 토의할 때 충분히 내용을 흡수할 수 있었다. 그리고 학생들의 입시에 큰 영향을 줄 수 있는 생활기록부 기록에서도 핵심을 파악하여 학생들에게 큰 도움을 주었다고 생각한다.

여기서 잠깐 생활기록부 작성할 때 입시에 도움이 되는 핵심 정보를 공유해 본다. 서울대학교에서 개발한 200페이지 자료를 모두 읽고 나니 이렇게 정리가 되었다. 생기부 평가는 3단계로 점점 확장된다. 1단계는 교사가 평소 수업 시간이나 일상생활에서 관찰한 모습, 2단계는 학생의 우수함을 드러내는 평가, 3단계는 그 평가에 대한 예시나 근거를 구체적으로 제시하는 것이다. 관찰(사실), 우수성 평가, 우수 평가에 대한 근거, 이렇게 3단계로 올라갈수록 대학에서는 생기부 내용을 더 좋게 평가한다. 나중에 실제 입학사정관의 생활기록부 연수를 들을 때도 직접적으로 지적하지는 않았지만 은근슬쩍 평가 방법을 알려 주었는데, 딱 내가 인지했던 방식으로 학생들을 점수화해서 평가한다는 사실을 확인할 수 있었다.

많은 선생님께서 생기부를 작성할 때 단순히 관찰한 사실만 평가하는 경우 혹은 우수하다고만 하고 근거를 제시하지 않는 경우가 많다. 그런데 학생이 대학에서 차별화된 우수한 평가를 받기를 바란다면, 이 방법을 활용해야 할 것이다. 그리고 모든 학생들을 그렇게 써주면 변별이 되지 않으니 적절하고 결과 수준에 맞게 1, 2, 3단계를 섞어서 평가하면 된다. 매뉴얼에 있는 건 아니지만, 이렇게 하면 대학에서도 교사가 어떤 의도로 학생을 평가했는지 알아챈다.

나는 특목고 특수성이 있어서 더욱 이런 부분에 민감하게 반응하고 연구하는 시간이 더욱 필요했던 건 사실이다. 그런데 우리 아이들이 교사의 정보를 믿고 자신의 인생에 큰 영향을 주는 대학 입시를 치르기 때문에 전문성을 기를 필요가 있다고 본다. 하지만 교사가 되겠다고 결심했을 때는 이런 역할까지 해야 하는지는 생각 못 했을 것이다.

대학 입시는 매년 바뀌기 때문에 흐름을 놓치기 쉽고, 정보 분석을 엉뚱하게 할 수도 있다. 교사가 아니라 입시 전문가로서의 마인드를 갖추지 않으면 원성을 살 수도 있다는 말이다. 중학교까지는 몰라도 고등학교에서 근무하는 교사라면 대학 입시 제도에 관심을 가져야 한다. 1학년, 2학년 담임 교사도 진로 및 진학 상담을 하기 때문이다. 그런데 정보가 없으면 공유할 이야기가 없으니 아이들로부터 신뢰를 얻지 못할 수도 있다. 실제 그런 모습을 보기도 한다.

사실 이분만이 아니다. 교사로 근무하다 보면 정말 사소한 일부터 큰일까지 별의별 일을 다 겪게 된다. 수업 전문가, 학급운영자, 전문 상담가, 입시 전문가, 고급 행정 인력, 방송 운영 및 진행, 행사 기획 및 진행, 학교폭력 면담 및 업무 처리, 체험학습 운영 및 인솔, 회계 처리 등 각양각색의 역할을 맡기 때문이다.

학교 홈페이지에 가서 학교 소개에 있는 모든 부서의 업무를 확인해 보라. 물론 사람마다 주어지는 일이 달라서 평생 자신 없는 일을 피해 다닐 수도 있을 것이다. 하지만 미래 일은 아무도 모르는 법! 내가 언제 무슨 일을 맡을지 모르니 항상 열린 마음으로 배우고 성장한다고 생각해야 한다.

사실 나도 6년간 부서 업무만 하면서 '이게 왜 교사 생활에 도움이 될까?'라는 생각에 회의감이 들곤 했다. 그런데 막상 담임 교사가 되어 학급을 운영하고 아이들을 관리하다 보니 다양한 부서에서의 경험이 연결되어 조금 수월하게 일을 처리할 수 있었다. 아이들이 학교 프로그램에 대해서 물어보면 나는 업무를 해봐서 자세한 이야기를 해줄 수 있었다. 프로그램의 취지, 진행 방법, 어떤 효과가 있는지를 알려 주니 아이들이 귀 기울여 듣고 실천하게 되었다.

아는 만큼 보인다는 말처럼, 부서 업무를 많이 알수록 담임 교사로서도 더 자신 있게 아이들을 살필 수 있었다. 마찬가지로 첫해에 그렇게 힘들게 입시 공부하고 생기부를 연구했던 시간이 다음 해에는 정말 큰 도움이 되었다. 두 번째 해에는 25명 중 2명을 제외하고 모두 대학에 진학하는 뿌듯한 결과를 얻기도 했다. 물론 아이들의 역량이 뛰어났고, 내가 제시한 대로 잘 따라와 준 덕분이었다. 그래도 역시 처음과 나중은 달랐던 것 같다.

4년간 고3 담임 교사를 하면서 아이들의 내신과 생기부 평가 내용만 봐도 어느 정도 결과가 예측되었다. 물론 매년 입시가 바뀌니까 당연히 더 세세하게 연구했기 때문이다. 결론은 아무리 교사로서 새로운 일을 맡게 되더라도 그 순간에 최선을 다하면 나중에 편해진다는 말이다. 힘든 일을 맡았다고 슬퍼하지 말고, 내가 크게 성장할 기회라고 생각하면 좋겠다. 분명 자양분이 되어 우리의 미래에 튼튼한 줄기가 되고, 마침내 꽃을 피우리라고 믿는다.

모든 사람에게
다 사랑받을 수는
없잖아

 신영환

사람마다 추구하는 가치는 다 다르다. 게다가 사람 성격이나 성향도 다르다. 같은 집에서 함께 동고동락하는 가족 사이에도 잘 맞지 않아서 불편한 동거를 하는 사람도 많다. 결국 어딜 가든 분명 나와 맞지 않는 사람이 있다.

교사로서 가장 큰 행복은 무엇일까? 나는 내가 아꼈던 제자들이 졸업 후에도 보고 싶다고, 만나고 싶다고 연락이 와서 얼굴 보며 살아가는 이야기 나누는 게 가장 큰 행복이다. 내가 진심을 다해 아이들에게 했던 말과 행동을 긍정적으로 봐주었기 때문이다. 그런데 신규교사 때는 아직 경험이 부족하고 서툴러서 아이들에게 큰 만족감을 주기가 어려울 수도 있다.

나도 4년 차 교사가 되었을 때 이미 자신감이 있었지만, 엄청난 일을 겪었다. 3학년만 계속 가르치다가 2학년도 가르치게 되어서 아직 시험 난이도에 대한 감이 부족했다. 그래서 1학기 1차 지필평가를 조금 쉽게 냈더니 100점이 너무 많이 나왔다. 등급을 변별해야 하는데 그러지 못하니 발등에 불이 떨어졌다. 실제로 어떤 선생님은 1등급이 안 나오게 해서 경위서를 쓰기도 했다. 그래서 나는 2차 지필평가 때 심기일전했다. 그동안 알고 있던 모든 평가 유형을 기반으로 시험 문제를 어렵게 냈다. 전교생이 아니라 영어과 100명 정도에서 4명만 1등급을 받을 수 있었기에 정말 위기였다. 잘못하면 2등급도 없어질 수도 있었다. 그러면 경위서로 끝나는 게 아니라 아마 학부모 민원이 거세지 않았을까. 다행히도 그런 일은 벌어지지 않았다. 2차 지필평가에서 제대로 변별을 했기 때문이다.

대신에 후폭풍이 대단했다. 교사는 매년 10~11월에 교원능력개발평가라는 시스템 아래 평가를 받는다. 1년 동안 수업에 대한 평가, 학급운영에 대한 평가 등을 학생과 학부모로부터 받기 때문이다. 그리고 이 평가에는 좋은 점과 아쉬운 점으로 서술형 평가를 받게 된다. 좋은 점을 읽을 때는 기분이 좋아졌다가, 아쉬운 점을 읽을 때는 내가 무엇이 부족한지 확인하게 된다. 물론 가끔은 기분이 안 좋기도 하다. 감정적으로 작성한 결과를 받을 때가 그렇다.

그런데 그해에는 정말 교원능력개발평가를 보기가 싫었다. 분명 아이들의 원성이 컸을 거라 예상했기 때문이다. 아무리 그래도 내가 수업을 정말 열심히 준비하고, 하나라도 더 알려 주려고 노력했기에 100퍼센트 만족은 시키지 못해도 누군가는 인정해 줄 것이라 믿었다. 그래서 서술형 평가에서 좋은 점 부분을 읽기 시작했는데, 첫 평가에서부터 장문의 글이 올라와 있었고, 좋은 점이 아니라 충격적인 문장이 적혀 있었다. 아마도 그 학생의 노림수가 아니었나 싶다.

"야! 너 때문에 내 인생 망쳤잖아! 어떻게 책임질래? 내 인생, 내 대학 어떻게 하라고?"

이런 말로 시작했는데, 교사 인생 최대의 위기라고 할 만큼 충격적이라 아직도 기억하고 있다. 그 평가문 이후로는 도저히 읽어볼 용기가 없어서 더 이상 읽지 않았다. 아마도 몇 명 더 비슷하게 쓰지 않았을까 생각한다.

물론 극소수지만, 그런 평가를 받은 뒤에 수업을 하려니 감정이 흔들렸다. 항상 긍정적으로 밝게 수업을 진행하려고 노력하는데, 도무지 기운이 나지 않았다. 그냥 준비한 것만 열심히 전달하고 아이들과 소통하고 싶지 않았다. 그렇게 한 달을 보내고 12월이 지나 그 학생들은 3학년으로 진급했다. 그런데 또 일주일에 1시간을 만나게 되었다. 나는 거의 항상 학년을 걸쳐서 수업했기 때문이다. 그렇게 8년 동안 매년 3학년 수업을 해왔다.

기운은 없지만 내가 할 수 있는 상황에서는 최선을 다하려고 노력했다. 그렇게 1년을 보내고, 같은 학생들에게 교원평가를 받았다. 좋은 점 첫 번째 평가에 장문의 편지가 있었는데, 읽고 나니 왠지 작년에 썼던 친구 같았다.

"선생님, 작년에 시험을 너무 망쳐서 너무 감정적으로 선생님께도 상처를 드린 것 같아 이 자리를 빌려 사과드립니다. 올해 3학년에 올라와서 보니 작년에 선생님께서 얼마나 수업에 열정을 가지고 저희에게 하나라도 더 주시려고 노력했는지 이제야 깨닫고 후회합니다. 혹시라도 아직도 마음의 상처가 있다면, 이 글을 읽고 조금이라도 마음이 편해지셨으면 좋겠습니다."

연속 2년으로 같은 집단에게 평가를 받는 일은 어려운 일이다. 한 번 평가를 받으면 그 내용이 생각나서 그대로 이어질까 두렵기 때문이다. 나는 묵묵하게 내가 할 일을 했고, 비록 상처는 받았지만 웃어넘기려고 노력했다. 그런 평가를 했다고 하더라도 나는 원래 내 모습 그대로 수업에 최선을 다했다. 그랬더니 다시 이런 결과가 나오지 않았나 생각한다.

그 후로도 시험이 조금 어려우면 아이들이 원망을 하는 눈빛을 보내거나 하소연을 하곤 했다. 어쩔 수 없다. 지금의 학생들에게는 성적이 인생의 전부니까. 대학에 가기 위해서는 좋은 성적이 필요한데 교사가 그걸 방해하니 원망할 수밖에 없다고 생각한다. 시험 이야기를 했지만, 아이들은 냉정하게 수업에 대한 평가도 한다. 한 선생님께선 교원능력평가에 이렇게 쓰여 있었다며 털어놓았다.

"신영환 선생님께서 어떻게 수업하시는지 한번 보시고, 수업 연구 좀 더 해주세요."

그래서 그 선생님은 내게 조언을 구하러 왔다. 물론 나도 부족하지만, 내가 아는 선에서 조금이라도 조언드리려고 노력했다.

그런데 어떤 학생은 반대로 그 선생님 이름을 언급하며 나에게 수업 열정을 조금 줄여 달라고 하는 학생도 있었다. 그래서 오랜 시간 경험한 끝에 내린 결론이 있다. 내가 만나는 학생 모두를 100퍼센트 만족시킬 수는 없다는 사실이다. 내가 사소한 피드백에 조금 흔들리면 나를 지지하는 학생이 조르르 따라와서 위로해 준다. 아무도 나를 싫어하지 않는다고 말해 준다. 오히려 더 좋아하는 학생들이 더 많다고 알려 준다. 담임 교사를 할 때도 마찬가지다. 우리 반 아이가 다 내 학급운영방식에 만족할 수는 없다.

그러니까 자신만의 기준을 잘 정하되, 소수의 불만보다는 다수의 만족에 대해 더 연구하고 더 도움을 주도록 노력하는 것이 가장 현명한 방법이라 생각한다. 지금 이 책을 읽는 사람도 긍정적이거나 부정적으로 평가를 할 것이다. 그래도 나는 괜찮다. 나는 도움이 되기를 바라는 마음으로 열심히 책을 쓰고 메시지를 전하고 있으니까. 그리고 나를 더 좋게 생각해 주시는 분들을 위해 더 에너지를 쏟을 거니까. 다들 그렇게 하시면 좋지 않을까 생각한다.

교사로서 가장 힘든 일은
무엇인가요?

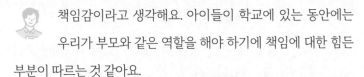 책임감이라고 생각해요. 아이들이 학교에 있는 동안에는 우리가 부모와 같은 역할을 해야 하기에 책임에 대한 힘든 부분이 따르는 것 같아요.

심한 스트레스로 과호흡 증상을 보이는 학생이 한 명 있었어요. 그날도 수업을 듣다가 답답하니까 바람 쐬러 옥상에 올라갔죠. 그런데 갑자기 쓰러져서 의식을 잃은 거예요. 아이들이 긴급 구조 요청을 하러 교무실에 와서 제가 2층부터 6층 옥상까지 뛰어 올라 갔는데, 그 아이는 눈도 풀리고 완전 의식을 잃은 상태였어요. 119에 신고를 하니까 CPR(심폐소생술)을 하라고 하더라고요. 다행히 매년 CPR 연수를 듣고 실습을 했기에 배운 대로 119 대원들이 도착할 때까지 일단 최선을 다했어요. 119 대원들이 왔을 때는 호흡이 돌아왔고, 들것에 뉘어서 내려갈 때 의식이 돌아와서 다행이었어요.

이 일이 저로서는 가장 힘든 일이었어요. 그 이후로도 수업하다가 갑자기 쇼크로 쓰러지는 아이, 자습 시간에 서서 자습하다가 기절하는 아이 등 건강상에 문제가 생겼을 때가 많이 힘들다고 생각해요. 주변에 맡았던 아이가 자살을 하는 바람에 트라우마가 생겨서 교직을 떠난 선생님도 계세요.

'아무도 교사를 보호해 주지 않는다'라는 불안이 가장 힘들게 하는 것 같아요. 학교에서 무슨 일이라도 터지면 우리 교사들은 자신을 지킬 힘이 없거든요. 무슨 일이 생길까 봐도 늘 두렵고, 그런 일이 생겼을 때 내가 어떻게 될까 하는 불안감이 크죠. 한번은 학생으로부터 스토킹을 당한 적이 있어요. 학교에 있는 젊은 남자 선생님을 좋아하던 여학생이었는데, 우연히 그 남자 선생님과 출퇴근길이 겹친 저를 무척 싫어했죠. 제가 가르치던 학년의 아이는 아니었는데, 불쑥 저를 찾아와서는 다짜고짜 결혼했느냐고 물었어요. 초점 없는 눈빛이 무서워 저는 왜 그런 질문을 하느냐고 되물었죠. 그랬더니 "질투가 나서요"라고 말하더라고요. 출퇴근길 한구석에 몰래 서서 매일 같이 저희를 지켜보더니, 하루는 저 혼자만 있는 퇴근길이었는데도 저를 따라왔어요. 지하철역에 혼자 있는 저를 곁눈질로 보더라고요. '설마, 아니겠지' 하는 마음으로 열차 하나를 보냈는데, 그 학생도 그 열차를 타지 않고 제가 타는 다음 열차에 따라 타더군요. 반대편에 앉아 저를 뚫어져라 쳐다보더니, 제가 그 남자 선생님이 사는 동네에 내리는지 아닌지를 끝까지 확인했어요.

다음날 무서워서 관리자에게 이 일을 보고했지만, 결국 저를 보호해 주는 장치는 아무것도 없었어요. 관리자는 제게 일을 키우지 말라고 했죠. 결국 참아야 하는 건 저였고, 한동안 부모님의 도움을 받아 차로 출퇴근했어요. 참 서럽지만 그게 현실이었어요.

그 일이 있은 뒤로 자신을 지키기 위한 장치들을 생각하게 되었어요. 교권 침해 보험에 가입하고, 노조를 알아봤지요. 그런데 지금까지도 그 일이 기억에 남아서인지, 무슨 일이 생기면 아무도 교사를 보호해 주지 않는다는 사실이 저를 가끔 불안하게 하고, 그 불안감이 저를 가장 힘들게 하네요.

4장

선생님, 오늘은 안녕하신가요?

나만의 무대에 선
교사들

취미는
내 삶의 활력

 기나현

"지금 당장 자신을 소개해야 하는 자리에 있다면, 어떤 말로 스스로를 표현하실 건가요? 단, 교사라는 직업은 빼고요."

실제로 교사 독서 모임에서 내가 선생님들께 던진 질문이다. 별 것 아닌 듯 보이는 자기소개인데, 직업을 빼니 말할 거리를 생각하지 못한 선생님들이 많았다. 어떤 말을 해야 할지 모르겠다며, 학기 초 아이들에게 자기소개 시간을 주었던 자신을 반성한다는 선생님도 있었다.

물론 인생에서 직업이 차지하는 비중은 크다. 학교는 하루에 깨어 있는 시간 대부분을 보내는 곳이니 말이다. 그런데도 직업으로만 나를 소개하기엔 어째 아쉬운 기분이다. 나를 소개하는 문장이

'교사 기나현'으로 시작해서 그것으로 끝나지는 않았으면 한다.

"안녕하세요, 취미 부자 기나현입니다. '24시간이 모자라.' 딱 저를 소개하는 노래죠. 저는 메인 취미부터, 서브 취미까지 좋아하는 것들로 하루를 꽉꽉 채워 살아가는 사람이랍니다. 가장 즐기는 취미는 독서라고 말할 수 있어요. 가장 오래, 가장 꾸준히 해왔어요. 올해 운전을 시작했지만 실제로 차를 끌고 출근하는 날보다 지하철을 타고 출근하는 날이 더 많은 것 같아요. 출근길에 좋아하는 음악을 배경 삼아 책을 읽는 것이 제 하루 중 가장 행복한 순간이기 때문이에요. 가끔은 통기타를 치고, 요가와 필라테스를 하고, LP 음반을 수집하며 당장의 행복을 찾아가고 있답니다."

가끔 주변 지인들이 나에게 하는 이야기가 있다. 방과 후 나의 일상을 듣고는 "키나의 하루는 24시간이 아닌 것 같아"라고들 말한다. 누구는 너무 많은 취미에 지치지 않냐며 나를 걱정하지만, 천만의 말씀! 취미는 내 삶의 원동력이 되어주고 있다.

사실 1년 차부터 3년 차까지는 나에게도 별다른 취미랄 게 없었다. 사실 취미를 가지는 것조차 사치스러운 때였다. 왕복 3시간의 출퇴근 고행을 끝내고 집에 돌아오면 쓰러지기 일쑤였다. 교사는 저녁이 있는 삶을 산다고들 하지만, 당시의 내게 해당하지 않는 말이었다. 보통 9시쯤 잠들었고, 빠른 날은 8시에 눈이 감기기도 했다. 일찍 퇴근해봤자 그 저녁을 즐길 체력이 나에게는 남아 있지 않앉기 때문이다. 몸이 피곤해서 어쩔 수 없는 선택이었지만 한 해가 다 끝나고는 항상 허무함만 남았다. 한 해를 돌아보면 학교에서 일하고 집에 와서 잔 기억뿐이었다.

그래서 4년 차에 가까운 학교로 옮기고부터는 취미를 가져 보기 시작했다. 학교 일과는 관계없으면서 내가 좋아하는 것들로 나의 하루를 채워 보려 노력했다. 그중 첫 번째로 찾은 취미는 운동이었다. 좋아하는 작가인 하루키가 매일 달린다기에 그를 따라 달리기도 하고, 10대들 사이에 섞여 방송 댄스 수업을 듣기도 하고, 헬스장에 다니기도 했다. 그리고 그 모든 운동을 거쳐 현재는 요가, 필라테스, 테니스에 정착했다. 운동과는 거리가 먼 삶을 살아왔고 아직도 갈 길이 멀지만, 앞으로도 더 많은 운동을 배워보고 싶다. 체력이 뒷받침되니 학교에서도 더 건강한 에너지로 학생들을 대할 수 있게 되었기 때문이다.

운동 외에 찾은 취미 거리로는 기타가 있다. 내가 대학교에 들어갈 당시 아이유의 영향으로 통기타 열풍이 불었다. 그래서 나도 친구들 따라 기타를 사서 선배들 어깨너머로 배웠다. 대학을 졸업하고는 기타를 칠 일이 점점 줄었고, 어느 날 먼지가 가득 쌓인 채로 방에 방치된 기타를 발견했다. 이번엔 뭔가 제대로 해보고 싶다는 생각이 들었다.

마침 학교에 친한 선생님께서 같이 교직원 밴드를 만들어 합주를 해보자는 제안을 했다. 축제 공연이라는 목표까지 생기니 의욕이 불타올랐다. 집 앞 기타학원에서 1주일에 한 번 레슨을 받았다. 바쁜 학교 일정 속에 개인 연습을 충분히 하는 것이 어려웠지만, 조금씩 느는 실력에 묘한 성취감을 느꼈고, 그렇게 시간이 흘러 벌써 1년 정도가 지났다. 요즘은 통기타에서 일렉기타로 넘어가면서, 앰프를 타고 흘러나오는 일렉기타 소리로 스트레스를 해소하고 있다.

또 나는 장르를 가리지 않고 음악을 무척 좋아한다. 그것이 이어져 취미로 LP 음반을 수집하게 되었다. 우연히 친한 친구들과 LP 바에 가본 것이 시작점이 되어, LP 음악만이 가진 클래식한 매력에 빠지게 되었다. 결국 집에도 각종 장비를 사들이게 되었다. 약간의 덕질이 가미된 취미라 그런지 더 매력적이었다.

동묘시장에 가서 쌓여 있는 LP 음반들 속에서 보석 같은 음반을 찾아내고, 좋아하는 가수가 새로 LP 음반을 내면 발매일을 기다렸다가 LP 가게에 갔다. 열심히 일해서 번 돈으로 내가 좋아하는 걸 사고, 또 맘껏 즐길 수 있다니! 이게 바로 어른의 삶이구나 싶다.

이렇듯 좋아하는 취미를 갖는 것은 우리의 삶을 더 풍성하게 만들어줄 수 있다. 일에서 오는 피로와 스트레스를 없애고, 나의 본업에 더욱 집중하는 에너지를 얻을 수 있다.

취미가 무엇인지, 얼마나 많은지가 중요한 게 아니다. 자신에게 맞는 취미는 각자 모두 다를 테니 말이다. 당장 어떤 것을 취미로 삼아야 할지 모르겠다면, 눈에 띈 원데이클래스에 참여해 보길 추천한다. 친구들과 함께 즐길 수 있는 취미도 괜찮다. 사실 무엇이든 좋다. 일단 시작해 보는 거다!

내가 쌤스타그램을
시작한 이유

 기나현

　나는 학교에서의 생활과 사생활을 철저하게 분리하려고 노력하는 편이다. 아이들을 사랑하는 마음과는 별개로, SNS에서의 내 일상이 학생이나 학부모에게 낱낱이 공개되는 것이 꺼려졌기에 나의 SNS 계정은 철저히 비공개로 남겨두려 했다. 그런데 학생들은 선생님들의 숨은 SNS 계정을 찾아내는 데 도사였다. 내가 이름이 특이한 탓도 있겠지만, 어떻게서든 나의 SNS 계정을 알아내서는 팔로우 신청을 보냈다. 내가 아무리 거절해도 몇 친구는 포기를 모르고 계속해서 나에게 팔로우 신청을 보냈다. 이대로는 끝도 없겠다는 생각이 들었다.

　사실 쌤스타그램은 그런 생각에서 처음 시작하게 되었다. 학생들이 팔로우해도 부담스럽지 않은 계정을 만들고 싶었다. 그렇게 나는 2018년에 인스타그램 부계정을 만들었다. 그 당시만 해도 인스타그램 자체가 지금처럼 대중화되지 않았을 때라 '부계(부계정의 준말)' 자체가 생소했지만, 고민 끝에 '키나쌤(@teacher_kina)'이라는 닉네임으로 새로운 계정을 만들었다. 본 계정에도 "학생들은 키나쌤 계정으로 가세요"라는 문구를 써놓고, 나의 사적인 모습들을 안전하게 지키려 했다.

부계의 목적은 우선 아이들과 SNS 친구를 맺는 것이 가장 컸다. 또 다른 이유는 본 계정에 학교 이야기를 올리는 것이 언젠가부터 부담스러워졌기 때문이다. 나에게는 더없이 소중한 아이들과의 추억이, 땀과 눈물이 담긴 나의 수업 기록이 교사가 아닌 지인들에게는 피로한 내용일 수 있겠다는 걱정이었다. 그래서 본 계정에는 나의 사생활, 방과 후의 내 모습을 담고, 부계정에는 학교 안에서의 내 모습을 구분해 담으려 했다.

그렇게 만든 쌤스타그램 계정은 2018년과 2019년에는 기록 보관소의 용도가 컸다. 학생들과 재미나게 한 수업, 학급에서 만든 즐거운 추억을 사진과 함께 올렸다. 팔로워 대부분은 제자들이었고, 아이들과 친밀감을 쌓고 소통하는 용도로 쓰이기도 했다.

2020년은 터닝포인트가 되었다. 코로나19가 시작되고, 원격수업이 본격화되었다. 당시 현장의 분위기는 정말 암울했다. 기존의 수업 틀을 완전히 깨야만 했는데, 선생님 대부분이 원격수업에 대한 준비가 전혀 되어 있지 않았다. 지금에야 널리 알려졌지만 그때만 하더라도 줌, 구글 클래스룸과 같은 온라인 플랫폼은 모두에게 생소했다. 비교적 젊은 세대이고 디지털 매체를 능숙하게 다룰 줄 아는 나에게도 원격수업은 너무 막막했다. 아이들이 눈앞에 없는 수업 환경은 상상도 못했기 때문이다.

그 시기에 #쌤스타그램 해시태그를 활용했다. 내가 새롭게 시도한 원격수업에 대한 글을 올리고, 다른 선생님들의 수업을 들여다보는 창구로 이용한 셈이다. #쌤스타그램 해시태그를 통해서 새롭고 창의적인 수업을 발견할 수 있었고, 그것이 또 다른 자극이 되어 나도 더욱 열정적으로 수업을 개발하게 되었다. 그때부터 팔로워가 서서히 늘기 시작했다.

2021년에는 수업 관련 포스팅과 더불어 다양한 학급운영 이벤트를 기획해서 올리기 시작했다. 원격수업과 등교수업이 병행되는 시점이어서, 학생들이 잠깐 학교에 올 때 조금이라도 즐거운 추억을 가져갔으면 했다. 그래서 나만의 학급 이벤트를 기획했다. 가정의 달을 맞이하여 준비한 효도 인증 이벤트, 개학 이행시 짓기 대회, 우리반 TMI 퀴즈 대회처럼 우리 학급만의 추억을 만들고 그 내용을 쌤스타그램에 기록했다. 열심히 개발한 학급운영 자료를 나누면서 학교급과 교과에 관계 없이 팔로워가 본격적으로 늘어났다.

정점을 찍은 건 2022년 초였다. 새 학기를 준비하며 올린 몇몇 포스팅이 인스타그램 알고리즘을 타면서 팔로워가 기하급수적으로 늘었다. 매일 100명씩 팔로워가 늘더니 5천 명이 되었다. 현직 교사, 임용 준비생, 학생과 학부모, 일반인 등 팔로워 구성이 정말 다양해졌다. 부계를 만들면서 이렇게까지 계정이 커지리라고는 정말 상상도 하지 못했다.

지금 와서 돌아봐도 여전히 하기를 잘했다는 생각이다. 쌤스타그램은 내 수업 개발에 큰 원동력이 되었다. 포트폴리오처럼 쌓는 재미가 있었고 인스타그램으로 만난 선생님들로부터 큰 자극을 받았다. 학교에 안주하기보다는 계속해서 노력하는 선생님들을 보고 배울 좋은 기회가 되었다.

그리고 쌤스타그램은 나만의 캐릭터를 만들어 주기도 했다. '키나쌤'이라는 부캐가 인스타그램을 통해 알려지게 되면서, 더 많은 기회가 찾아왔다. DM을 통해 연수를 제안받았고, 교사 전용 매거진에 나의 수업을 소개할 놀라운 기회도 주어졌다.

마지막으로는 쌤스타그램을 통해 교사가 되고 싶은 분들께 내가 아는 것을 나누고, 그분들의 꿈이 될 수 있다는 사실에 자긍심이 생겼다. 나와 학생들의 이야기로 교사의 꿈을 키우는 분들이 계신다는 것에 커다란 책임감을 느끼며, 더 잘해내고 싶다는 동기부여가 되었다.

물론 SNS가 가진 역기능도 있을지 모른다. 그렇지만 SNS도 잘만 활용한다면 선생님들의 발전에 큰 도움이 될 수 있을 거라 생각한다. 쌤스타그램도 좋고, 블로그도 좋다. 선생님들만의 새 무대를 만들어 반짝이는 학교 이야기를 기록해 보기를 추천한다!

방학 때마다
여행 가는 선생님

 기나현

"선생님들은 왜 다들 그렇게 여행을 좋아할까?"

학창 시절에 늘상 내가 하던 생각이다. 학창 시절을 돌이켜보면 한 분쯤은 여행광 선생님이 계신다. 내게는 중학교 때 지리 선생님 이셨는데, 방학이 끝나면 방학 동안 다녀온 여행지에서의 재미난 이야기들을 수업 시간에 풀어주셨다.

해외여행이 생소하던 우리 중학생들에게 선생님의 오지 여행기 는 손꼽아 기다리던 시간이었다. 선생님의 경험담으로 세상의 모습 을 상상했다. '아프리카의 사막에서 보는 밤하늘은 어떤 모습일까' '시끄러운 인도의 거리를 거닐면 어떤 기분일까' 하는 설레는 상상 이었다. 나도 선생님과 같은 어른이 되면, 세계로 여행을 떠나겠다는 꿈을 꾸었다.

내가 대학교에 처음 들어갈 무렵에는 지금처럼 해외여행을 다니는 대학생들이 많지 않았고, 친구들끼리 떠나는 해외여행은 더욱이나 흔치 않았다. 하지만 나는 지리 선생님이 심어 준 꿈대로 살아가고 싶었다. 교환학생 생활을 했던 미국을 시작으로 홍콩, 대만, 영국, 프랑스, 스위스, 베트남, 일본까지, 나의 롤모델이던 선생님을 따라 여행을 취미로 삼았다.

학기 중에 아르바이트해서 번 돈으로 방학이면 친구들과 함께하거나 아니면 혼자 여행을 떠났다. 실제 여행은 내 상상보다 더 멋진 일이었다. 우물 안 개구리가 우물 밖을 나서니, 세상에는 정말 다양한 사람들이 있고 기상천외한 일들이 펼쳐졌다. 그렇게 여행의 매력에 푹 빠졌다.

선생님이 되고자 했던 큰 이유 중 하나는 방학이 있다는 점이었다. 나에게는 너무나 매력적인 이유였다. 내가 좋아하는 여행을 원 없이 할 수 있는 직업은 교사뿐이겠다는 생각이었다.

학기가 시작하면 곧장 비행기 티켓을 물색하고, 좋은 가격으로 나온 티켓이 있다면 그곳이 나의 다음 여행지로 삼았다. 숨 가쁘게 학기를 보내다가 학교 일로 지칠 때면 여행 생각을 하며 숨을 돌린다. 아이들이 사고라도 치는 날이면 유튜브에서 그 여행지를 배경으로 한 영상을 찾아 마음의 평화를 되찾았다. 숙소를 예약하고, 맛

집을 찾아보고, 기념품 리스트를 적으면서 학기의 스트레스를 견뎌냈다. 그리고 방학이 마침내 시작되면 학교의 일은 잠시 잊고 여권을 챙겨 여행지로 떠났다.

교사가 된 뒤에는 태국 치앙마이 여행이 가장 기억에 남는다. 흔히들 말하는 3년 차 권태기를 겪고 있을 무렵, 유독 힘든 일이 많았던 학기를 마치고 떠난 여행이었다. 말썽을 부리던 아이들도 유독 적었고 수업과 업무도 조금씩 익숙해지는 중이었지만, 그런데도 내 표정은 자꾸 어두워졌다. 학교에서 웃음이 점점 줄어들었고, 그런 변화를 아이들마저 느낄 정도였다. 마음이 힘들고 지치는데 왜 그런지 이유도 모르겠고, 내색할 수도 없는 답답함 끝에 떠난 여행이었다.

나의 여행 스타일은 한 장소에 오랜 시간을 머무는 것이다. 24시간을 바쁘게 쪼개어 하는 여행은 나의 취향이 아니기도 하고, 여행 명소보다는 한 곳에 오래 머물며 알게 된 식당이나 공원을 둘러보는 것을 좋아한다. 3주간의 치앙마이 여행도 그런 여행이었다.

느지막하게 눈을 떠서 거리의 국수를 사 먹었다. 카페에 가서는 달콤한 동남아식 커피와 디저트를 시키고 책을 읽었다. 밤에는 맥주 한 잔을 곁들인 푸짐한 끼니를 챙겨 먹었다. 잠이 오지 않으면 여행지에서 사귄 친구와 같이 재즈바에 가서 음악을 들었다.

정신없이 바쁜 학기 중에는 할 수 없는 일들을 여행지에서 한 셈이다. 제대로 된 한 끼 식사, 오후의 여유로운 커피 한 잔, 방해받지 않는 독서 시간, 아무런 고민 없이 잠드는 밤……. 모두 방학이기에, 여행지에 왔기에 가능한 일이었다.

교사가 되고 나서 알았다. 방학이 없으면, 여행이 없으면 선생님들의 삶은 너무 팍팍해진다는 사실을 말이다. 학창 시절 선생님이 그렇게나 여행을 좋아하셨던 이유는 학교에서 쌓인 피로를 조금이라도 씻어내려 함이었음을 이제는 안다.

결국 방학 동안 떠낸 여행을 통해 우리는 더 큰 사랑을 학생들에게 줄 수 있게 된다. 휴식이든 관광이든, 여행은 마음 건강에 도움이 된다.

나에게 남은 교직에서의 시간은 앞으로도 길다. 만났던 학생들보다 앞으로 만날 학생들이 더 많을 것이다. 그 긴 시간을 더 단단한 마음으로 버틸 수 있도록, 방학마다 어디든 떠나고 싶다. 나의 선생님이 그러셨던 것처럼 나도 내가 경험한 바깥세상을 학생들에게 보여 주고 싶다. 우리 학생들이 나처럼 세상을 여행하는 어른이 되기를 꿈꾼다면 더할 나위 없이 행복할 것이다.

성장을 원한다면
교사 동호회부터

 기나현

　아무리 학급이 많고 100명에 가까운 교사가 있는 큰 학교라 할지라도 왠지 모를 답답한 느낌이 드는 것은 피할 수가 없다. 학교에서 겪은 일과 학교에서 만난 사람들이 나의 전부처럼 느껴진다면 슬프게도 우물 안 개구리라는 말이 딱 들어맞을지도 모르겠다. 학교 밖으로 조금만 나가도 신세계가 펼쳐지니 말이다.

　솔직히 말하자면 처음 발령받고 3년 정도 지날 때까지는 나 역시 학교 밖이 궁금하지는 않았다. 학교에서 배울 것이 너무나도 많던 시기였다. 수업, 학급운영, 업무까지 그 모든 것이 새로웠기에 학교라는 작은 공간 안에서도 계속 배우고 성장했다.

　4년 차가 될 무렵에는 문득 학교 밖이 궁금해지기 시작했다. 해마다 일이 어느 정도 비슷하게 반복됨을 알기에, 우물 안을 벗어나면 어떤 세상이 펼쳐질지 알아보고 싶었다. 전에 없던 배움과 성장을 경험할 수 있지 않을까 하는 기대를 품고서.

먼저 교사 동호회를 찾기 시작했다. 생각보다 다양한 교사 모임이 있었다. 교과 연구회가 가장 대표적이지만, 왠지 흥미가 가지는 않았다. 연수처럼 느껴지지 않으면서도 배울 것이 많은 모임을 찾으며 여러 곳을 둘러보다 책 모임에 가입했다. 수도권에서 근무 중인 유·초·중·고 선생님의 책 모임이었는데, 학교에서는 쉽게 보지 못할 유형의 선생님들을 만나게 되었다. 수천 명의 인스타그램 팔로워를 가진 패션 인플루언서 선생님, 시를 쓰는 선생님, 홍대에서 밴드 공연을 하는 선생님도 있었다. 자신만의 색깔을 찾으며 성장하는 교사들을 알게 되면서 나는 지금 어떤 색깔의 교사인지, 앞으로 어떤 색깔을 가져야 하는지 고민하기 시작했다.

비슷한 연차의 선생님들이 모인 모임이기도 했고, 책이나 영화를 주제로 깊은 대화를 할 수 있었기에 선생님들과 금방 친해졌다. 그중 나이도 같고 성격도 잘 맞는 한 초등학교 선생님과 사석에서 따로 만날 정도로 친한 사이가 되었다. 그날도 따로 만나 놀고 있었는데, 자신이 속한 영어교사 모임에서 새로 사람을 뽑고 있다고 알려 주면서, 나와 잘 맞을 것 같다며 지원해 보라고 권했다. 그 모임이 바로 '혼공스쿨'이다.

구체적인 목표를 세우지는 않았지만, 교사가 되고 나서 언제가 되든 내 이름으로 책 한 권을 내보고 싶다는 막연한 꿈을 갖고 있었다. 그런데 친구를 통해 알게 된 혼공스쿨은 나의 꿈을 실현시켜줄 모임이었다. 전문성을 두루 갖춘 선생님들이 함께 모여 교재를 집필하는 곳이라는 친구의 말에 모집 일정이 촉박했음에도 시간을 내어 지원을 준비했다. 경력 한 줄 없었지만 진심과 의지를 담아 작성한 자기소개서를 접수하고 면접을 통과해 혼공스쿨에 들어가게 되었다.

처음에는 얼떨떨하기만 했다. 당시 스물일곱의 나이였던 내가 들어갔을 때 나를 뺀 다른 선생님들은 모두 전문가처럼 보였다. 여러 해 모의고사 출제를 담당하고 있는 선생님, 수능 특강 검수에 참여하는 선생님, 엄마표 영어로 이름을 날리고 계신 선생님을 내가 어디에서 만나 뵐 수 있었겠는가. 내가 정말 이 모임의 일원이어도 괜찮을까 하는 의문이 들기도 했다.

월마다 하는 정모에서는 각자의 근황을 소개하는 시간이 있었다. 학교, 집 그리고 학교, 집, 또다시 학교, 집만을 반복하는 나의 일상과는 너무 다른 근황이었다. 강연과 강의를 다니는 선생님, 퇴근 후 시간을 내어 새로운 공부를 하는 선생님, 갖가지 운동을 섭렵하는 선생님의 이야기를 듣고는 마냥 놀랄 수밖에 없었다. 자기계발에 열심인 선생님들을 보며 반성도 했고, 또 한편으로는 자극도

받았다.

정모에서는 근황 토크 이외에도 특강 시간이 있었다. 다양한 분야의 강사님들이 오셨지만 가장 기억에 남는 건 EBS 정승익 선생님, 영어 유튜버 선현우 님의 강의였다. 넓은 세상을 보는 눈을 선물받은 시간이었다. 교사로서 내가 가진 색깔에 대한 고민을 더 깊이 하게 되었다.

학교 안에만 있다 보면 솔직히 배울 점이 많은 선배만 있지는 않다. 간혹 '나는 저렇게는 되지 말아야지' 하는 생각이 드는 선배들도 있기 마련이다. 그런데 용기를 갖고 우물 밖으로 조금만 나서면 더 넓은 세상이 펼쳐진다. 적어도 나에게는 그랬다. 도전하고, 성장하고, 쉼 없이 고민하며, 자기만의 색깔을 칠해가는 선생님들과 함께하며 나 또한 정말 많이 성장했다고 자신할 수 있다.

'마중지봉(麻中之蓬)'이라는 말이 있다. 구부러진 쑥도 꼿꼿한 삼밭에 나면 자연히 꼿꼿하게 자라듯, 사람도 주위 환경에 따라 달라질 수 있음을 뜻하는 사자성어다. 성장을 원한다면 성장을 원하는 사람들과 어울려야 한다. 더 넓은 곳으로 발을 내딛는 거다. 그렇게 서로의 성장을 응원하는 관계를 만들면 좋겠다. 교사 동호회가 나에게 성장의 기회를 가져다주었듯이, 선생님들께도 분명 그런 기회가 올 것을 믿는다.

기회를 잡는 사람이
준비된 사람

 기나현

　내가 처음 영어교사 모임인 혼공스쿨에 들어갔을 때만 하더라
도 나에겐 경력 한 줄 없었다. 임용 합격만이 나의 유일하면서도 가
장 대단한 업적이었다. 3년이 흐른 지금은 많은 것이 바뀌었다. 단
행본 두 권을 쓰고, 문제집 세 권을 집필하고, 원서 시리즈 두 종을
우리말로 옮겼다. 또 나를 필요로 하는 곳들도 생겼다.

　가끔은 주변에서 어떻게 그렇게 많은 일을 할 수 있냐고 묻기도
한다. 나는 어쩌다 보니 그렇게 되었다고 대답한다. 심심한 답이지
만 정말 그렇다. 나에게 온 작은 기회를 놓치지 않고 하나둘 하다
보니 점차 나를 믿는 사람들, 나를 찾는 곳들이 생기기 시작했다.

　나는 찾아온 기회를 거절한 적이 없다. "해볼래?" 하고 누군가

제안하면 항상 하겠다는 대답만 했다. 번역도 그렇게 시작한 일이다. 학부 전공이기는 했으나 전문적인 번역 경험은 전혀 없었다. 어린 시절 챕터북을 읽던 세대도 아니었기에 겁이 나기도 했다. 일단 부딪혀 보자는 마음이었다. 쉽게 오는 기회도 아니고, 지금은 준비가 되지 않았다는 핑계로 거절하면 다음 기회는 오지 않을 수도 있다.

막상 번역 작업을 시작하니 스트레스가 이만저만이 아니었다. 전공 시간에 배운 내용과 챕터북 번역은 그 스타일이 아예 달랐다. 출판사는 학습서 특성을 잘 살린 번역을 원했다. 개인 약속도 다 미룬 채 퇴근 후의 모든 시간을 쏟아 번역에 매달렸다.

하지만 편집자님에게 피드백을 듣는 날이면 아주 괴로웠다. 나름 영어 전공자라 자부했는데 빈틈이 너무나도 많았다. 갑작스레 두피에 주근깨가 생길 만큼 큰 스트레스를 받았다. 작업이 끝나고도 내가 이 일을 잘 끝낸 것인지 의구심이 들었다. 애초에 시작하기를 잘한 것일까 싶기도 했다. 하지만 다행스럽게도 출판사로부터 결과물에 대한 좋은 피드백을 받았고, 다음 작업으로도 이어질 수 있었다.

나는 부끄러움이 참 많은 성격이다. 관심받는 걸 좋아하면서도, 지나친 관심은 부담스러워한다. 수줍은 관종이라 먼저 남 앞에 나서는 것은 어렵기만 하다. 그런 내 성격상 혼자라면 절대 하지 않았을 제안이 들어왔다. 경기도교육청과 틱톡이 함께 기획한 라이브 수업에 혼공스쿨 선생님들과 함께 참여하는 것이었다. 영상 촬영에 익숙하고 연예인과 같은 끼를 가진 선생님들과는 달리, 나는 잠도 못 이룰 만큼 걱정이 많았다. 하지만 다음은 없을 거라는 생각으로 이 기회를 놓치지 않았다. 며칠 밤잠을 설치고는 '미국 10대들이 쓰는 인싸영어'를 주제로 라이브 수업을 했다. 막상 해보니 시청자와의 소통도 재미있었다. 걱정이 무색하게 많은 시청자가 들어왔고, 라이브 수업도 잘 마쳤다.

이 책의 집필도 사실 비슷한 이유로 시작하게 되었다. 신영환 선생님이 "해볼까요?" 하신 제안을 내가 덥석 문 것이다. '내가 과연 작가가 될 수 있을까?' '나의 학교 이야기를 사람들이 궁금해하기는 할까?' '지금은 아직 때가 아닌 게 아닐까?' 자신 없는 질문들이 머릿속을 꽉 채웠지만, 결국 해보자고 결정했다.

준비된 자만이 기회를 잡는다? 나는 아니라고 생각한다. 기회를 잡는 자가 결국 준비된 자다. 그래서 학교 일이 모두 끝나고도 쉬지 못하고 바쁜 시간을 쪼개어 쓰고 있는 이 원고도 결국에는 하길 잘했다는 생각이다. 이런 기회를 다른 이가 아닌 내가 잡은 게 다행이라는 마음이다.

우리 주변에는 정말 많은 기회가 있다. 아직 스스로 부족하다고 여기고, 언제 올지 모를 다음을 기약하며 기회를 포기하는 선생님들이 많다. 선생님들께서 아주 작은 기회의 가능성조차 소중히 여기시면 좋겠다. 실낱같은 기회도 성장을 위해 쓰시면 좋겠다. 기회는 정말 널려 있으니 말이다. 기회를 놓치지 않고 잡아서 선생님들만의 브랜드를 만들어 가셨으면 한다. 내가 해냈다면, 그건 누구든 해낼 수 있다는 뜻이니까!

교사가 행복해야
학생들도 행복합니다

 신영환

스포츠 업계에서는 새로 들어온 선수를 '루키'라고 한다. 학교에서는 신규교사들이 '루키'라고 할 수 있다. 하지만 3년이 지나면 이제 루키라고 부를 수가 없다. 1급 정교사 연수까지 받고 이제는 전문성을 지닌 경력 교사로 넘어가는 시기가 되었으니까. 물론 아직은 신임교사인 것 같기도 하고, 벗어난 것 같기도 하고 어정쩡한 느낌일 것이다. 그래서 진지하게 자신의 학교생활에 대한 정체성을 찾아볼 필요가 있다.

앞으로는 정년이 늘어날 가능성이 있지만, 교사는 만 62세가 되면 퇴직한다. 중요한 건 '시작이 반'이라는 말처럼, 첫 단추를 잘 꿰도록 노력해야 한다. 처음에 어떻게 방향을 설정하느냐에 따라

20~30년 후의 우리의 모습은 달라질 수 있기 때문이다.

처음에는 교사의 꿈을 꾸면서 임용 시험에 목숨을 걸었을 것이다. 그리고 3년간은 교사로서 학교에 적응하고 내가 해야 할 일에 최선을 다했을 것이다. 하지만 이제는 내가 하고 싶은 일을 찾기 시작할 때다. 교사가 된 것으로 인생이 끝나는 게 아니라, 세상의 변화에 따라 교사도 변화하고 성장해야 하기 때문이다.

무엇보다 교사로서 자신의 정체성이 무엇인지 고민해야 한다. 학창 시절 내가 어떻게 살아갈지 고민했던 것처럼, 교사로서 또다시 진로 고민을 해야 한다는 말이다. 누군가는 굳이 그런 생각을 하냐고 할 수도 있다. 주어진 일을 하고, 아이들과 소통하고, 수업하면 충분하지 뭘 더 하려고 하냐고 말할 수도 있다.

그것도 잘못된 건 아니라고 생각한다. 해야 할 일을 충분히 책임감 있게 해내는 건 당연하고 중요한 일이다. 하지만 나는 교사가 행복해야 학생들도 행복하다고 생각하기에, 교사 스스로 행복한 인생을 살기 위한 설계를 했으면 좋겠다. 성향에 따라 다르겠지만, 자신이 하나의 전문성을 기르면 그 분야에서 전문가로 활동하면서 교사라는 삶과 더불어 개인의 삶을 멋지게 펼쳐볼 수 있기 때문이다.

물론 일과 후에나 방학 때 푹 쉬고 싶은 욕구가 더 큰 사람이라면 힘들고 괴로우니 성향에 맞게 선택해야 한다. 그래도 교사로서의 역량 중 적어도 하나라도 전문성을 갖추는 게 맞다고 생각한다.

수업, 학급운영, 상담, 업무, 입시 역량 등 교사로서 필요한 역량은 다양하기 때문이다. 아직 일에 서툴 때 시간을 확보해 이 중 하나라도 자신이 자신 있게 할 수 있는 능력을 기르면 분명히 삶의 질이 달라질 수 있다. 또한 내가 갖춘 역량을 바탕으로 내 도움이 필요한 사람에게 도움을 줄 수 있다면, 내가 도움을 준 사람에게 내가 갖추지 못한 부분에서 도움을 받을 수도 있다.

그렇다면 구체적으로 무엇을 하면 좋을까. 앞에서 말한 수업, 학급운영, 상담, 업무, 입시 등의 역량은 교사로서 꼭 필요한 요소다. 차근차근 하나씩 역량을 키우고 안정화가 되면 그중에 가장 내가 잘할 수 있는 일이나 하고 싶은 분야를 선택하여 전문성을 기르는 것이다. 물론 고루 전문성을 키워서 코어를 단단하게 가져가는 것도 하나의 방법이다.

나의 가장 큰 고민은 어떻게 하면 아이들이 만족하는 수업을 할 수 있을까였다. 그래서 초반에는 수업에 가장 힘을 기울였다. 시행착오도 많았지만 노력은 배신하지 않았다.

그다음은 담임으로서의 학급운영이다. 적어도 내가 맡은 아이들은 학교생활에 만족하도록 해야겠다고 생각했다. 당연히 첫 담임을 맡았던 해에는 서툴러서 100퍼센트 만족할 수 없었다. 주변에 좋은 선생님들이 이것저것 학급운영 노하우를 알려 주셔서 점점 나아질 수 있었다.

무엇보다 나는 민주적으로 학급이 돌아갈 수 있도록 적절하게 통제하면서도 아이들이 자유롭게 의견을 모아서 자주적으로 운영하도록 두었다. 스스로 결정함으로써 만족과 후회도 스스로 느낄 수 있게 했다. 물론 위기가 발생하지 않도록 적절한 선에서 내가 이끌기도 했다. 그리고 아이들 성향에 따라 학급운영 방식도 다르게 적용해야 한다는 걸 여러 해를 거치면서 알아갔다.

수업이나 학급운영은 그래도 나름 시간이 해결해 주는 것 같았다. 하지만 고등학교에 근무하면서 언제나 부담이 되는 두 가지 중 첫째는 입시 상담, 둘째는 출제였다. 아무래도 고등학교에서는 대학입시가 걸려 있으니 대학입시 정보를 꿰뚫지 못하면 학생들에게 신뢰를 얻지 못한다. 그리고 시험 문제에서 오류를 범하면 아이들의 믿음을 얻지 못한다. 어쩌다 재시험이라도 한 번 보면 그 여파가 다음까지 이어지기도 한다. 특히 나는 특목고에 근무하다 보니 이 부분이 너무 크게 느껴졌다. 학교마다 다르겠지만, 성적이 민감한 아이들이 모여서 더욱 그랬던 것 같다. 그래서 이 두 분야에 전문성을 갖추기 위해서 여러 방면으로 방법을 찾으려 노력했다.

우선 대학입시, 진학, 진로에 관해서는 고3 담임을 하면서 깊이 있게 연구할 수 있었다. 마음 맞는 선생님들과 소모임을 만들어 소통하며 지식을 쌓기도 했다. 특히 졸업생 사례 중심으로 어떻게 하면 좋은 결과로 이어질지 연구한 게 큰 도움이 되었다.

출제는 다른 선생님들보다 더 많은 문제를 내야 하는 환경에서 성장했고, 나중에는 관심이 커져 외부 출제 기관에 지원하기 시작했다. 처음에는 통과되지 않았지만, 연차가 쌓이고 작은 일부터 시작하면서 경력이 생기니 나에게도 기회가 왔다.

EBS 연계 교재 사전 검토를 시작으로 교육청 전국연합평가 출제 및 검토를 할 기회가 생겼는데, 이때의 경험을 통해 전문성이 크게 향상되었다고 자평한다. 나아가 공무원 시험 등 다른 시험 출제 위원으로도 위촉되어 활동할 수 있었다. 비록 학교 허락을 받지 못해서 검정고시나 수능 출제에는 참여하지 못했지만, 그래도 출제 분야에서 전문가로서의 정체성을 갖게 되었다.

이렇게 전문성을 갖춤으로써 기회는 더 많이 생겼다. 우연한 기회로 혼공스쿨 모임에 참여해서 첫 영어 교재를 개발하기도 했다. 그 일을 시작으로 계속해서 다양한 분야에 관심을 가지고 전문성을 키우려 노력한 덕분에, 이제는 내가 가진 전문성을 바탕으로 작가로서의 삶도 살아가게 되었다.

만일 신규교사를 벗어나면서 안정적으로 학교생활 하며 해야 할 일만 처리하고 편하게 살았다면 과연 지금의 내가 있을지 의문이다. 부족하지만 항상 변화에 적응하고 성장하고자 노력했기에 교사로서의 정체성을 세우고, 인생의 방향성을 설정할 수 있었다고 생각한다.

3년 차가 지났다면 조금씩이라도 새로운 일에 도전하고, 경험하고, 성장하면서 자신의 정체성을 찾아보기를 권한다.

교과 전문성의 끝판왕, 출제위원

 신영환

나는 영어교사이기에 수능 시험 과목을 가르친다. 신규교사를 벗어나 점점 수업에 자신감이 생기고, 심지어 여러 경험을 하면서 자신감이 자만심으로 바뀔까 말까 하는 단계까지 왔다. 그동안 학년도 걸치고 수업도 걸치면서 출제하는 문항 수가 많다 보니, 나도 모르게 출제에 대한 전문성을 갖추지 않았나 생각한다.

그러던 중 출제 관련 공문을 보게 되었다. 5년 차 이상 1급 정교사 대상이니 자격은 충분했다. 지원하고 싶다는 생각이 들었다. 그런데 이력을 작성하면서 불 보듯 떨어지겠구나 싶었다. 집필 경력이나 출제 또는 검토 이력에 쓸 말이 없었기 때문이다. 그래도 일단 지원했다. 물론 합격 소식을 받지는 못했다.

그렇게 쓴맛을 봤음에도, 나는 굴하지 않고 어떻게 하면 이력을 채울 수 있을까 연구했다. EBS 홈페이지 공지사항에는 다양한 정보가 올라오니 수시로 확인한 덕분에 정보를 얻을 수 있었다. 그러다 EBS 연계 교재 출제 및 검토위원을 뽑는다는 공고가 눈에 띄었는데, 지원하자니 마찬가지로 이력에 쓸 게 하나도 없어서 마음을 내려놓았다.

그러다 EBS 연계 교재 온라인 사전 검토를 모집한다는 공고를 보게 되었다. 그동안과는 달리 모집 인원이 많아 보여서 왠지 잘하면 될 수도 있겠다 싶었다. 가진 경력은 없으나 열심히 해보겠다는 의지를 보이는 글을 열심히 적어서 제출했다.

역시 능력이 부족할 때는 열정이 통하는 법이다. 다행히도 처음으로 출제와 검토 관련 일을 맡았다. 아직 출간되지 않은 교재의 분량을 나눠서 단순 오타, 편집상 오류, 내용상 오류 등을 잡아내는 일이었다. 처음이라 그런지 내용적인 측면에서는 오류가 잘 보이지 않았지만, 대신에 사소한 오타나 오류는 나름 많이 잡아냈다고 생각했다. 실적이 아주 나쁘지는 않았는지 다음에는 지원하지 않았는데도 먼저 제안이 왔다. 그래서 그렇게 두 번의 사전 온라인 검토 기회를 가질 수 있었다.

다음 해에 공공기관 출제위원 공문을 보고 지원했는데, 이번에는 이력에 적을 게 있으니 살짝 좋은 결과를 기대했다. 한참이 지나도 연락이 없어 기대를 접으려던 중 모르는 번호로 전화가 왔다. 내가 이번 출제위원으로 위촉되었다는 연락이었다. 너무 신나서 동네방네 소문내고 싶었지만, 출제나 검토 관련 활동은 보안을 철저히 해야 했다.

그런데 갑자기 일정이 방학 전 이틀과 겹치니 학교에서는 허락할 수 없다는 결론이 내려졌다. 분명 사전 보고를 할 때는 괜찮다고 하셨는데, 갑자기 안 된다고 하시니 난감했다. 나는 재고를 부탁드렸지만 그래도 안 된다고 했다.

너무 안타깝지만 학교에서 허락이 안 나서 못 가게 되었다는 소식을 전해야 했다. 기관에서 연락 주신 선생님은 당황스러워하셨지만, 그래도 다음에는 함께하자는 말씀을 해주셔서 위로가 되었다.

방학 전 이틀이 학기 중이라 안 된다는 말에 처음에는 수긍이 되지 않았다. 게다가 사전에는 허락했다가 갑자기 불허하시니 더 억울했다. 하지만 어쩌겠는가. 모든 활동은 학교장 허락이 있어야 하기에 어쩔 수 없었다. 그렇게 내 꿈만 같던 첫 출제위원 합격은 물 건너가게 되었다.

그런데 한 선생님이 수능 출제위원으로 뽑혀 무려 한 달 반 동안 학교를 비우게 되었다. 내 경우는 담임 교사가 학기 중에 자리를 비우면 안 된다는 이유로 허락이 나지 않았는데, 그 선생님도 담임 교사이고 상당기간을 비워야 함에도 학교에서 허가가 났다. 도저히 이해가 가지 않았다. 왜 나만 차별 대우를 받는 건지 억울했다. 너무 분해서 잠이 안 오고, 그동안 학교를 위해 해온 희생과 노력이 모두 의미 없는 것처럼 느껴지고, 이런 처우를 받으니 계속할 힘도 나지 않았다. 이 사건으로 한동안 사람들이 모두 미워졌다. 지나가다가 마주치면 얼굴도 쳐다보기 싫을 정도였지만, 예의는 지켜야 하기에 목례만 가볍게 하고 지나갔다. 나중에 학년 부장 선생님에게 들었는데, 허락하지 않으신 관리자 분들이 나에게 미안하게 생각한다고 하셨다. 그래도 용서가 되지 않았다. 혹시나 다음에 기회가 오면 잡기 위해 찾아가서 따지지는 않기로 했다.

다음 해에 천운이 닿았는지 일정에는 아무런 문제가 없었다. 지원하려고 허락받으러 갔고, 일정이 방학 중에 있으니 지원해 보라고 했다. 작년 일이 살짝 걱정되었지만, 밑져야 본전이니 일단 지원했다. 그동안 영어 교재 한 권을 집필한 이력도 추가되어 선정에 유리한 상황이 되었다. 작년의 억울함을 하늘이 아는지 다행히 이번에도 합격하여 출제위원이 되었다.

막상 출제를 하는 동안 내 지식과 경험이 부족하다는 걸 매일 깨달았다. 역시 세상에는 나보다 훌륭한 사람들이 많다. 한 치의 오류도 없는 문항을 만들기 위해서 엄청난 시간과 노력과 집중을 한다는 사실도 알 수 있었다. 짧다면 짧고 길다면 긴 시간 동안 나는 정말 많이 배우고 성장했다. 게다가 작년에 내게 연락 주셨던 선생님이 나와 같은 팀이 되어 또 반갑고 고마운 인연이라 생각했다. 내년에 꼭 보자던 위로의 말이 현실이 되었기 때문이다.

출제 경험을 통해 나는 내적 성장과 외적 성장을 모두 이루고, 학교에 돌아와서도 내신 시험 문제를 낼 때 넓은 시야를 가지고 임할 수 있었다. 다른 사람의 문제를 검토할 때도 크게 도움이 되었다. 게다가 주요 이력이 되어 공공기관 영어 시험 출제 기회도 얻을 수 있었다.

그래서 나에게는 교사로서 출제의 꽃이라고 할 수 있는 수능 출제위원만이 남았다. 하지만 나에게는 그 기회가 쉽게 오지 않았다. 그런데 코로나가 심해진 해에 드디어 내게도 기회가 왔다. 수능 출제에 들어가기 전에 필수로 해야 하는 코스가 있다. 수능 이전에 보는 6월이나 9월 모의평가 출제나 검토 경험을 해야 하는데 내게도 그 기회가 온 것이다. 하지만 또 발목을 잡는 건 일정이었다. 역시나 학기 중이라서 허락이 나지 않았다. 그래서 나는 그동안 참고 숨겨두었던 속마음을 이야기했다. 다른 선생님은 수능 출제를 갔는데 나는 왜 안 되는지 물었다. 그러자 수능만 되고 다른 건 안 된다고 했다. 나는 차분하게 설명드렸다. 지금 이 출제를 다녀와야 수능 출제를 할 수 있다고 말이다. 그래도 완강하게 안 된다고 했다. 그리고 덧붙이시는 말씀에, 혀를 내두르며 결국 포기했다.

"부탁하려면 좀 친하게 지내다가 해야지. 필요할 때만 그렇게 하는 건 좀 그렇지 않아?"

　나는 내가 왜 기회를 얻지 못했는지 그때 알았다. 나는 평소 살갑게 대하지도 않으면서 필요할 때만 찾는 교사라는 의미였다. 미안해서 이유를 돌려 말하신 건지, 진짜 그런 건지 모르겠지만 상처와 동시에 단념할 명분이 생겼다. 그 이후로도 여러 번 러브콜이 왔지만, 더 이상 허락받을 생각도 하지 않았다. 내 선에서 모두 거절했다. 그리고 그 후로 교과 전문성의 끝판왕 출제위원이라는 분야를 내 인생에서 지우기로 결심했다. 대신에 다른 전문성을 기르기 시작했고, 덕분에 이렇게 작가가 될 수 있었다.

　그래서 지금은 오히려 관리자 분들께 감사한 마음이다. 만일 계속 출제 분야로 내 전문성을 길렀다면 과연 작가가 되었을까 하는 생각이 들기 때문이다. 그리고 작가로서의 활동은 학교 일정에 피해를 주지 않으니 관리자 분들께서도 적극 응원해 주신다. 학교 홍보도 되고 좋은 일이 분명히 맞으니까. 아무튼 지금은 별 탈 없이 잘 지내고 있다. 물론 살갑게 아부하는 성격이 아니라 아직도 그렇게까지 친하지는 않은 것 같지만.

　여기까지 내 이야기에 감정이입을 했다면 너무 우울할 것 같다. 그리고 내가 어떻게 학교생활을 하고 있나 걱정할 것도 같다. 친하지는 않아도 나는 예의 바르게 인사하고 다른 사람들과 잘 지내기 때문에 문제는 없다.

이 이야기를 이 책에 넣을까 말까 고민이 많았다. 하지만 누군가에게는 도움이 될 만한 이야기인 것 같아 용기를 냈다. 만일 자기 과목이 수능 출제와 관련이 있다면 출제나 검토 관련 활동 경험을 해볼 것을 적극 추천한다. 우선 자신의 교과 전문성과 평가(출제) 역량을 기를 수 있고, 학교에 돌아와서는 다른 선생님들께도 배운 내용을 전파하여 출제 오류 위험성을 줄일 수 있기 때문이다.

만일 이 책을 읽으시는 관리자 분이라면 부탁드리고 싶다. 학교 학사 일정에 그렇게까지 크게 영향을 주지 않는다면, 혹은 조금은 영향을 주더라도 선생님들의 자기계발에 힘을 실어 주셨으면 좋겠다. 나도 담임 교사를 하면서 우리 반 아이가 빠지면 다른 아이들에게 안 좋은 영향을 줄 것 같아 노심초사하면서 관리자 분들의 고충을 이해할 수 있었다. 하지만 누군가의 꿈을 짓밟고 앞날을 막는 일이 될 수도 있으니 잘 생각해 주셨으면 좋겠다.

나는 출제와 검토 경험 덕분에 교과 전문성을 많이 기를 수 있었다. 그래서 교재 집필도 조금씩 계속하고 있다. 그런 덕분인지 팀을 이끄는 역할 제안을 받기도 했다. 하지만 나는 고사했다. 내가 갈 길이 아님을 알았기 때문이다. 그래도 박수칠 때 떠날 수 있어서 기뻤다. 누군가 더 훌륭한 분이 이끌어 주실 거라고 믿는다. 그 주인공이 이 글을 읽는 누군가였으면 좋겠다. 진심으로 응원한다.

어쩌다 보니
N잡러가 되었네

 신영환

취업 플랫폼 잡코리아의 최근 조사 결과에 따르면 직장인 38.5 퍼센트는 본업 외 부업을 가진 N잡러라고 한다. 그런데 공무원 혹은 사립 교원인 교사에게 N잡러가 웬말이냐고 할 수 있을 것이다. 그런데 선생님 중에도 N잡러가 은근히 많다. 물론 겸직 활동에 제한이 있기 때문에 성격은 조금 다를 수 있다.

현실적으로 볼 때, 교사라는 직업을 선택한 개인의 미래는 경제적인 면에서 조금 어두운 것 같다. 연금제도 개편으로 나를 포함하여 경력이 많지 않은 선생님들은 노후가 보장되지 않기 때문이다. 게다가 교사라는 직업은 봉사직이라서 연봉이 높지도 않다. 최근에 CPA(공인회계사시험)에 합격한 졸업생을 만났는데, 그 친구 초봉이 내 연봉보다 높았다. 나는 13년 차 교사지만, 군대와 대학원 기간까지 합치면 호봉이 16년 차 이상인데도 현실은 그렇다.

물론 정년이 만 62세까지니까 더 오래 일할 수 있다는 장점도 있다. 대부분 사기업에서는 50대 이후에 퇴직하는 사례가 많으니, 안정성이냐 경제성이냐는 선택의 문제지만 누구든 노후를 위해서 준비할 필요가 있다고 생각한다. 나도 두 아이를 키우는 외벌이 가정의 가장으로서 경제적인 위기를 느낀다. 자기계발과 경제적 여유를 동시에 잡을 수 있는 일을 찾을 수밖에 없다.

내가 조사한 바로는 교사가 합법적으로 가능한 겸직은 '출강출강'뿐이다. '출제, 강의, 출판, 강연'이다. 우선 출제는 겸직이나 외부 강의 신고 없이도 공식적으로 활동할 수 있다. 물론 학교장의 결재가 있어야 한다. 강의는 EBS, 대학, 강남구청 인터넷 방송과 같은 공익을 목적으로 하는 기관의 강사로 활동하는 경우에 겸직 신고를 하면 활동할 수 있다. 출판의 자유는 모든 국민에게 있기에 따로 신고 의무가 없다. 강연은 공공기관은 신고할 필요가 없지만, 사기업 강연의 경우 외부 강의 신고를 꼭 해야 한다.

일단 여기까지는 내가 조사한 공식적으로 가능한 활동이다. 그 외에도 분명히 더 있을 수 있다. 사기업이라고 해도 교육적 목적이 있고 지속성이 있는 경우라면 겸직 신고 후에 활동 가능하기 때문이다. 미디어 시대가 도래하여 교사 유튜브 활동도 활발해져서 최근에 규정이 생기기도 했다. 취미 활동으로는 아무런 문제가 없지만, 수익이 나는 경우 직무 관련 주제로 운영해야 하고 겸직 신고도 필수다.

이렇게 자세히 말할 수 있는 이유는 나도 신규교사를 벗어나 조금씩 전문 분야를 찾아가며 성장하려고 노력했기 때문이다. 나이가 들어 매너리즘에 빠져서 허우적거리는 사람들을 보며 나는 절대 그러지 말아야겠다고 다짐했다. 그러려면 자기계발을 철저히 하고 학교 밖에서도 좋은 영향을 끼칠 수 있는 사람이 되면 좋겠다고 생각했다. 그게 어찌 보면 현재 내가 하고 있는 모든 일의 시작이라고 할 수 있다.

나는 우선 출제 분야에 관심을 가지고 활동하다가, 한 가지 더 눈을 돌린 게 있다면 EBS 강사 지원이었다. 몇 년간 계속 지원했지만 탈락의 고배를 마셔야 했다. 그래서 혼자서라도 좋은 일을 해보자는 의미에서 9년 차 교사가 되었을 때 유튜브를 시작했다. 정말 아무것도 모르고 맨땅에 헤딩하듯이 했다. 영포자를 줄이고, 영어를 사람들이 더 좋아하면 좋겠다고 생각해서 유튜브 채널을 개설하고 영어 전문가들을 인터뷰하러 다녔다. 원래는 "영어멘토링TV"였지만, 현재는 채널명을 'studyflex'로 변경했다.

지금 생각하면 어떻게 했나 싶은데, 무식하면 용감하다고 앞뒤 따지지 않고 무조건 돌격모드였다. 지금은 조금 아쉬움이 들기도 한다. 조금은 준비하고 시작해야 했는데 마음만 앞선 것 같다. 그 후로는 대학 입시나 진로 관련 활동으로 전환하여 채널을 가볍게 운영하고 있다. 물론 수익 구조는 아니라서 사회에 봉사한다는 생각으로 활동하고 있다.

이것도 고3 담임을 하면서 한국에 직업 1만 1천 개 중에 100개도 모르는 내가 지도하는 것에 대한 한계를 느꼈기 때문이다. 그래서 졸업생들을 대상으로 실시간 라이브 방송 인터뷰하며 진로를 찾아가는 프로그램을 기획했다. '진로를 찾아서'라는 콘셉트로 1년간 20명 정도 인터뷰하였고, 지금은 한 달에 한 번 정도 유지할 정도로만 계속 운영하고 있다. 가능하다면 10년 이상 계속하고 싶은 마음도 있다.

출제위원, EBS 강사에 도전했으니 이제 남은 건 출판과 강연이다. 그런데 두 요소는 매우 밀접한 관련이 있다. 책이 나오면 작가로서 강연 의뢰가 들어오기 때문이다. 내가 책을 쓰게 된 이유는 다름 아닌 아이들의 진로 설정에 조금이나마 도움을 주기 위해서다. 중학교 때까지 공부 잘하던 아이들도 고등학교에 진학한 뒤 무너지는 모습을 많이 봤기 때문이다. 특히 대학이 전부라고 생각하는 아이들에게 인생은 대학이 전부가 아니라는 말을 해주고 싶었다. 나 또한 명문고등학교를 나왔지만, 치열한 경쟁 속에 무너져 인생이 끝이라 생각했던 사람이었기 때문이다. 하지만 지나고 보니 대학이 인생 전부가 아니라, 지금 이 순간 최선을 다하지 않는 것이 더 실패한 인생이라는 걸 깨달았다. 그래서 더 열심히 살면서 아이들에게 그 메시지를 전하고 싶었다.

학교에서 아무리 외쳐도 내 이야기를 들을 사람은 한정되다 보니 책을 썼다. 물론 처음에는 책 쓰기에도 실패를 했다. 분량은 채웠지만, 출간으로 이어질 정도의 수준은 아니었다. 무엇이 부족한지 연구한 결과 독서도 하지 않던 사람이 책을 쓴다는 게 말도 안 되는 일이었다. 그래서 그때부터 책을 읽기 시작했다. 중간에 둘째 출산으로 중단되기는 했지만 아무튼 1년 동안 약 120권의 책을 읽었을 때 첫 책 원고를 써냈다. 다행히도 출간으로 바로 이어졌고, 그 후로는 작가로서의 삶을 병행하고 있다.

두 번째, 세 번째 책이 나오니 잘 안 들어오던 강연도 슬슬 의뢰가 들어오기 시작했다. 특히 네 번째 책은 강연하기 좋은 주제인 공부 습관이어서 더 많은 강연을 하게 되었다. 그런데 여기서도 교사라는 직업의 현실을 체감했다. 공공기관은 강사 직급별로 강사비를 책정하기 때문이다. 교사에게는 거의 기본 강사비가 지급된다.

이렇게 해서 나는 '출강출강' 중에 3가지를 경험했다. 물론 이외에 다른 활동도 있다. 예를 들면, 교육청이나 교육부 등 공공기관에서의 활동도 가능하다. 이 활동과 강연에 대해서는 다음 내용에서 다루도록 하겠다.

아무튼 내가 그동안 해온 활동을 정리해 보니 다음과 같았다.

1. 외고에서 근무하는 13년 차 영어교사
2. 영어 출제위원 및 검토위원 (여러 공공기관)
3. 작가 (2년 6개월 동안 10권 원고 완성)
4. 교재 집필자 (중·고등 영어교재 6권 집필)
5. 강사 (온·오프라인 다양한 주제 강연 및 강의)
6. 교육 크리에이터 (유튜브 채널 운영)

모두 돈이 목적이 아니라 교육적 전문성을 길러서 세상에 조금이라도 공헌하고자 하는 일들이다. 물론 약간의 경제적인 도움도 되어, 덕분에 외벌이로도 버틸 수 있는 수준이 되었다. 물론 앞으로는 더 희망적인 미래가 다가올 것 같다. 그만큼 나는 쉬지 않고 열심히 살고 있기 때문이다.

주변에 보면 워라밸을 매우 중요시하는 사람들이 있다. 나는 가장이니 그렇게는 못했다. 그래서 할 수 있는 일을 더 찾아보았고, 영상 쪽보다는 글쓰기 쪽이 내 적성과 더 맞다는 사실을 깨달았다. 적성을 찾고 큰 흥미를 느끼게 되니 작가 활동을 중심으로 다양한 활동으로 확장할 수 있었다.

물론 자기가 추구하는 가치가 가장 중요하다고 생각한다. 그래서 두 가지 의견을 제시하고 싶다. 학교생활에 어느 정도 적응하고 무언가 성장해야겠다는 생각이 들면, 나만의 전문 분야를 찾기를 바란다. 그리고 적성을 찾게 되면 더욱 정진하여 전문성을 갈고닦아 세상에 조금이라도 더 기여할 수 있기를 바란다. 꼭 많은 사람이 아닌 가까운 주변에라도 말이다. 나는 이런 전문성을 갖추기 위해 노력하는 선생님들이 더 많아져야 주변 사람들도 함께 성장하고, 아이들도 함께 자라날 수 있다고 믿는다. 꼭 교사가 아니어도 마찬가지다.

경제적으로 엄청난 부를 얻지는 못할지라도, 분명 머무를 때보다는 여유를 누릴 수 있다. 보람된 일을 하면서 추가로 얻는 수입은 더 가치가 크다고 생각한다. 그러니 이 책을 읽는 독자들도 꼭 그 경험을 하고, 내가 느끼는 감정을 꼭 똑같이 느껴봤으면 좋겠다.

불러 주시면
어디든 달려갑니다

 신영환

2021년 2월 22일 첫 책《공부하느라 수고했어, 오늘도》가 출간
되고 나서 '과연 내가 강연을 하는 날이 올까?' 하는 생각을 정말 많
이 했다. 신기하게도 두 달 뒤에 한 지역 도서관에서 공부 관련 강
연 요청이 들어왔다. 설마 했던 일이 현실로 이뤄지니 꿈만 같았다.
공부로 인해 상처받는 아이들에게 메시지를 전하는 에세이 형식의
책이라서 설마 강연이 들어올까 내심 의구심이 들었기 때문이다.

코로나가 기승을 부리던 시기여서 온라인으로 진행한 강연이었
지만, 설레는 마음을 주체할 수 없었다. 원래 처음 하는 경험이 가
장 설레기 때문이다. 첫 출간에 첫 강연이라니, 그리고 첫 강연비치
고는 내게는 많은 돈이어서 신기했다. 학교에서 받는 월급 말고 생

길 수 있는 수입이라고는 방과 후 수업뿐이었던 내게는 놀라운 일이었다. 게다가 교사가 아니라 작가로서 받는 강사비라서 더욱 의미가 있었다. 공공기관에서 강연을 하면 강연비도 제한이 있기 때문이다. 2023년 현재 교사에게 책정된 강연비는 첫 1시간에 13만 원, 다음 1시간은 6만 원, 그다음 1시간은 6만 원으로, 만일 1회 3시간 강의를 하면 25만 원이다. 보통 2시간 정도 강연하는 경우가 많다.

참고로 청탁 금지법에 의거하여 모든 경비 포함 교사가 강연비로 받을 수 있는 돈은 1시간 최대 100만 원이다. 기존에는 하루 150만 원까지만 강연비를 받을 수 있었는데, 현재는 규정이 바뀌어 하루 상한선이 없다.

물론 강연 자료를 원고비로 책정하여 챙겨주는 곳도 있다. 하지만 원천징수 기타소득 8.8퍼센트를 떼고 나면 20~30만 원 정도 받는다고 보면 된다. 하지만 첫 강연에서는 거의 두 배 가깝게 받았다. 그리고 또 다른 공공기관에서 강연 요청이 들어와서 많지는 않지만 강연을 여러 건 하게 되었다. 온라인 강연의 경우 200명이 넘으면 강연비를 2배로 받을 수 있어서 계속해서 괜찮은 강사비를 받을 수 있었다. 그래서 자신감을 넘어서 약간의 자만심이 생겼던 것 같다.

2시간 정도 거리에 있는 한 학교의 진로 담당 선생님께서 강연

의뢰를 해주셨다. 일단 먼 거리에 있으니 나는 좀 망설여졌다. 만일에 2시간 정도 이동해야 하는 거리라면 2시간 강연이 아니라 왕복 4시간 이동 시간을 포함하여 6시간 이상 시간을 투자해야 하니 효율이 매우 떨어진다. 그런데 강사비는 최소한으로 받게 되니 갈등이 생겼던 것이다. 매우 거만한 태도였다. 지금은 가끔씩 그때를 생각하며 이불킥을 하곤 한다. 왜냐하면 내가 그동안 다른 곳에서 받던 만큼 강연비를 요청했기 때문이다.

이래서 초심이 중요하다는 생각을 해본다. 좋은 일로 시작했는데, 내 가치를 인정받으니 낮추기가 싫었던 것이다. 그래도 다행히 담당자께서는 내 요청을 최대한 맞춰보겠다고 하셔서 일단 성사되었다.

하지만 강연 몇 주를 앞두고 갑자기 연락이 왔다. 아무리 노력해도 강연비를 맞추려면 강연을 들으러 올 사람을 더 모집해야 하는데 그 일이 쉽지 않아 취소해야 할 것 같다고 했다. 다음에 기회가 되면 다시 연락드린다고 말하고 끊으셨는데, 느낌상 다시는 연락이 오지 않을 것 같았다.

나는 그 일을 겪으며 순간 깨달음이 왔다. 강연이 취소가 될 수도 있다는 경험을 했기 때문이다. 그리고 학교와 같은 공공기관에서는 강연비를 받는 건 역시 한계가 있다는 걸 알았다. 봉사의 마음을 갖지 않으면 안 되는 일이라는 걸 다시금 깨달았다. 그래서 그다음부터는 불러주시는 것만으로도 감사한 마음이 들었다.

그 후로 들어오는 강연이 많지 않았다. 어찌 보면 내가 너무 욕심을 부려서 벌을 받는 게 아닌가 하는 생각이 들었다. 하지만 작가로서 글쓰기는 멈추지 않았다. 2021년 2월에 첫 책, 10월에 두 번째 책이자 공저 《초중고 영어공부 로드맵》, 이어서 12월에 《1등급 공부법》까지 연속으로 출간했다.

두 번째와 세 번째 책은 내가 강연으로 하기에 좋은 주제는 아니었나 보다. 의외로 강연 요청이 별로 없었다. 그런데 또 2022년 4월에 네 번째 책 《공부 잘하는 아이는 이런 습관이 있습니다》로 가뭄에 단비 같던 강연 요청이 쇄도하기 시작했다. 또한 《1등급 공부법》 책이 3쇄를 찍고 베스트셀러로서 순항하면서 공부 관련 주제로도 계속해서 강연 요청이 들어왔다. 현재는 4쇄를 찍었다.

역시 사람은 꾸준하게 한 우물을 파면 물을 맛볼 수 있다. 2022년 1학기 때는 장맛비라고 할 정도로 많은 강연을 진행했다. 한번은 영어 관련 주제로도 대한민국 대표 대기업 중 한 군데에서 의뢰가 들어와 매우 좋은 조건의 강연비를 받으며 신나게 강연을 할 수도 있었다.

그러던 어느 날 경기 북부의 한 지역 학교에서 연락이 왔다. 전에 연락 주신 곳은 아니었지만 역시 2시간이나 차로 이동해야 갈 수 있는 지역이었다. 나는 고민할 수밖에 없었다. 6시간 이상 시간을 투자하여 과연 강연을 가는 게 맞는지 계속 생각했다. 그 순간 트라우마처럼 스치듯 예전 기억이 떠올랐다. 그리고 강연을 요청해 주신 선생님의 문자를 읽으며 눈물을 흘릴 수밖에 없었다.

"경기 북부는 경기 남부보다 교육의 기회가 적은 게 사실입니다. 어려운 부탁을 드리는 걸 알면서도 정말 선생님을 모신다면 아이들에게 좋은 기회가 될 것 같아 온 힘을 다해 강연 요청을 드립니다. 꼭 와주셨으면 좋겠습니다."

그렇다. 내가 작가가 되기로 결심한 이유는 학교 안에서뿐만 아니라 더 넓은 세상에서 내 도움이 필요한 아이들 혹은 학부모님들께 다가가는 것이었다. 그런데 잠시 그 초심을 잃었다. 물론 6시간 이상을 투자하여 강연을 다녀온다는 건 쉬운 일이 아니다. 학교에 허락을 구해야 하고, 가족에게도 양해를 구해야 하기 때문이다.

하지만 문자를 읽고 바로 선생님께 꼭 가겠다고 말씀드렸다. 이번에는 과거의 실수를 만회하고 싶었기 때문이다. 그렇게 날짜와 시간 약속을 잡았다.

하지만 항상 일은 쉽게 흘러가지 않는 법! 하필이면 1박 2일 학생회 수련회 일정이 바뀌면서 강연과 겹치게 되었다. 학교에서 행사를 진행하고 밤샘 근무도 해야 하는 상황이 되었다. 한 달 전에 미리 정한 날짜를 바꾸기에는 너무 늦어 버렸다. 어쩔 수 없이 내가 근무하는 학교에 양해를 구하고, 저녁에라도 합류하기로 했다.

갈 때는 다행히 많이 막히지 않아서 1시간 30분 정도 걸렸는데, 돌아올 때는 금요일 저녁이라 3시간 가까이 걸렸다. 저녁도 제대로 못 먹고 바로 수련회에 투입되어 아이들 관리하고 밤을 지새우며 순찰을 돌았다. 몸이 부서질 정도로 힘들었지만, 그때 강연은 아직도 좋은 기억으로 남아 있다. 아이들의 반응이 너무 좋았기 때문이다. 역시 후회 없는 선택이었다고 생각했다.

그 여운이 남아서 소셜미디어에 강연 후기를 올렸는데, 이후에 기차 타고 가야만 하는 먼 지방에서 강연 요청이 들어왔다. 심지어 6개월이나 남았는데 미리 강연 약속을 잡아달라고 했다. 강연비보다 더 중요한 건 정말 누군가에게 도움을 주는 사람이 되어야겠다는 마음이라는 것을 새삼 되새겼다. 좋은 마음을 쓰면 오히려 더 좋은 결과로 이어진다는 말을 하고 싶다.

진로 탐색, 공부법, 공부 습관, 독서와 문해력, 공부 감정, 청소년 스타트업, 수능 영어, 영어 공부, 신규교사, 학교생활, 책 쓰기 등 10권 가까이 되는 책을 쓰면서 내가 할 수 있는 강연 주제도 함께 늘어나고 있다. 이제는 감히 말할 수 있을 것 같다.

"강연! 언제든 불러 주시면 어디든 달려가겠습니다!"

학교만이
교사의 무대는
아니다

 신영환

내가 어릴 때 초등학교에서 800미터 중거리 달리기 대표 선수로 지역대회에 나간 적이 있다. 16명이 모여서 시합을 하는데, 1등으로 들어온 아이는 처음부터 결승선까지 거의 전속력으로 달렸다. 그때 처음 깨달았다. 세상엔 나보다 더 우수한 사람이 많이 있다는 걸 말이다. 교사로서도 같은 기분을 자주 느끼곤 한다. 특히 외부활동을 하며 만난 여러 선생님 덕분에 배움을 얻기도 하고, 자극을 받기도 한다.

혹시 '지원단'을 모집하는 공문을 본 적이 있는가? 못 봤다면 아직 공문을 훑어볼 여유가 없어서이거나 관심이 없어서일 수도 있다. 공람이 되지 않는 공문도 한 번씩 훑어볼 것을 추천한다. 공문에는 정말 다양한 기회를 얻을 수 있는 내용이 많다. 물론 학교에서 교사의 외부활동을 그다지 좋아하지 않을 수도 있다. 그래도 나는 우리 선생님들의 발전을 위해 꼭 필요한 일이라 생각하기 때문에 추천한다.

누구나 어느 순간 학교라는 무대가 조금 좁다는 생각을 할지도 모른다. 어딘가에 분명 자신이 기여할 곳이 있을 거라는 기대를 하기 때문이다. 내가 출제위원을 한 것도 교육 관련 공공기관을 위해 한 일이었고, 유튜브를 시작하면서 미디어와 영상에 관심을 가지고 다른 공공기관에서 활동을 시작할 수 있었다.

나는 출제 이외에도 미디어 관련 활동을 해왔다. 영상 문외한이 었던 내가 유튜브를 시작하면서 영상 촬영을 하고 편집을 독학으로 배웠다. 그 활동 덕분에 교육청에서 운영하는 미디어 콘텐츠 지원단에 합류하여 첫 활동을 시작했다.

소셜미디어를 활용한 다양한 영상을 제작하였고, 조금이나마 경기도 교육에 이바지할 기회도 얻었다. 주어진 일에 최선을 다한 덕분인지 몰라도 경기평생교육학습관에서도 지원단 활동을 하게 되었다. 나아가 요새 대두되고 있는 미디어 리터러시 교육까지 관심을 확장하고, 교육청 미디어 리터러시 교육 추진단으로도 활동했다. 처음 시작은 유튜브였지만, 미디어 관련 활동이라 꼬리에 꼬리를 물고 점점 분야가 확장되었다.

덕분에 다양한 집단에서 멋진 선생님들을 만나면서 많이 성장할 수 있었다. 그분들과 같은 목표를 가지고 교류하며 교육자료 제작, 영상 제작 등 다양한 활동 기회가 더 생겼다. 그러다가 우연한 계기로 교육부 활동에 지원하여 국민 서포터즈로 활동할 수 있었다. 미디어 관련 활동이 합격에 큰 도움이 되었던 것 같다. 초록우산 어린이재단 전국 감사 편지 공모전 교사 홍보대사로도 활동하면서, 심사자로서 감동이 담긴 편지들을 읽을 기회도 얻었다.

뿐만 아니라 내가 할 수 있는 일에 최선을 다했을 뿐인데 뜻밖의 영광을 얻기도 했다. 기간제 교사로 근무할 때 거의 받을 뻔했던 표창을 받게 되어 만감이 교차했다. 2020년에는 미디어 콘텐츠 지원단 우수 활동자로, 2021년에는 미디어 리터러시 추진 위원단 공로자로 교육감 표창을 받았다. 교육부 국민 서포터즈로서 교육 관련 활동을 한 결과 최우수자로 선정되어 부총리 겸 교육부 장관 표창을 받는 영광도 얻게 되었다. 2022년에도 시민 인성 교육 분야 교육감 표창을 받았다. 아마도 내가 평생 받을 모든 상을 이 짧은 3년간 다 받은 건 아닌가 싶다.

이외에도 지원단 분야는 정말 다양하다. 생활기록부 점검 지원단, 교육과정 운영 지원단, 평가 관련 지원단 등 학교에서 도움을 받아야 하는 관련 분야 지원단을 모집한다. 공문을 살펴보면서 혹시 관심 있는 분야가 있다면 꼭 지원해 보시길 바란다. 시작은 미약

하지만 분명 끝은 창대해지는 경험을 할 수 있을 것이다.

참고로 공공기관 외에도 교육 관련 기관이 많이 있다. 한국교육 과정평가원의 경우에 다양한 공식 시험 출제위원 혹은 검토위원을 초빙하는 경우가 있으니 꼭 인력풀 등재를 해보길 바란다. 다양한 기관에서 교사로서의 전문성을 살려 기여할 일이 있다.

나아가 꼭 공식 기관 활동이 아니더라도 전문적 학습 공동체 혹은 교육 관련 동호회 활동도 분명 선생님들이 성장과 발전을 이루는데 큰 도움이 되리라 믿는다. 나는 '혼공스쿨'이라는 비영리 교육 단체에서 활동하며 좋은 사람들과 좋은 일을 많이 하고 있다. 물론 개인적인 발전에도 큰 도움이 되었다. 영어교재 집필을 시작으로 능력자 선생님들과 시너지 효과를 낼 수 있는 다양한 활동을 경험하고 있기 때문이다.

활동하면서 다양한 분야에 관심을 가지고 정말 열정적으로 살아가는 멋진 선생님들을 만났다. 가끔 크게 충격을 받기도 한다. 여러 활동 속에서 전문성과 더불어 좋은 인성까지 갖춘 훌륭한 선생님들을 만나면서 나도 더 많이 배우고 성장할 수 있었다. 그러니 꼭 학교 밖 무대를 밟는 일을 해보시길 권한다.

어떤 교사로
살아갈 것인가?

 신영환

만일 바로 임용되어 24세부터 교직을 시작한다면, 40년 가까이 교사라는 업을 가지고 살아가게 된다. 나처럼 조금 늦게 시작한다면 30년 좀 넘을 것 같다. 어쨌든 30년이란 세월은 한 세대를 의미하고, 강산이 세 번이나 바뀌는 긴 시간이다. 점점 경력이 쌓이면서 우리는 계속 고민한다. 어떤 교사로 살아갈지 말이다.

나는 환경 탓인지 몰라도 앞으로 30년을 어떤 교사로 살아갈지 일을 시작하고 3년 이내에 결심했다. 내가 두 번째로 갔던 학교에서였다.

그곳은 사립 학교인데 교사들의 평균 연령이 50세 정도였다. 기간제 교사 선생님들만 20~30대이고, 나머지 분들은 40~50대가 많았다. 마치 좀비처럼 하루를 살아가는 일부 선생님들을 보며 나는 실망이 컸다. 수업 준비도 제대로 안 하고 수업 시간에 잡담만 하다가 하는 선생님, 학교에서 하루 종일 주식만 바라보는 선생님, 퇴근 시간이 되지도 않았는데 일찍 나가버리는 선생님 등 상상을 초월했다.

게다가 서로 나이대가 비슷하니까 회의 시간에는 매번 관리자와 선생님들 사이에 신경전이 오갔다. 신규 선생님들이 보기에는 별로 좋지 않은 광경이 펼쳐졌다. 가끔은 교사가 저래도 되나 싶을 정도로 자괴감이 들기도 했다. 하지만 그런 선생님들이 있는 반면, 정말 학생들을 위해서 언제나 노력하는 분들도 계셨기에 분별력을 기를 수 있었던 것 같다. 왜 그런 말이 있지 않은가? "셋이 길을 걸어가면, 그중 반드시 나의 스승이 있다"는 말. 한 명은 내가 배울 수 있는 사람이고, 다른 한 명은 잘못된 행동을 보고 타산지석으로 삼아야 할 사람이라는 의미다. 그 학교에서 양면을 모두 보면서 내 정체성을 찾기 시작했다. 물론 여기까지는 신규교사로서 초심을 잃지 않아야겠다는 마음가짐이었다.

그런데 10년 차가 되어 마흔이 되니 다른 고민이 시작되었다. 교사로서 정년을 할 것인가 혹은 전문직(장학사, 연구사 등) 코스를 밟을 것인가라는 두 가지 선택지를 두게 되었다. 교사로서 가장 큰 행복은 학생들과의 소통이지만, 한편으로는 교육이라는 큰 틀에서 행정적인 부분에 기여하는 것도 의미가 있겠다 싶었다. 실제 그런 고민을 하고 그 코스를 밟는 사람들도 꽤 있다.

하지만 일단 나는 사립 학교에 있다 보니 그 기회의 폭이 좁다. 대부분 공립 학교 교사들이 전문직이 되는 경우가 많기 때문이다. 정보력부터 다르고, 관련 점수를 채우기도 공립 학교에 계신 분들이 여러모로 유리하다. 물론 사립 학교에 있는 사람 중에도 전문직으로 넘어가는 경우도 있으니 바로 포기할 필요는 없다고 생각한다. 평가 요소에 맞게 잘 준비하면 분명 좋은 결과로 이어질 테니까 말이다.

솔직히 말하자면, 나는 전문직을 준비할 생각을 한 적이 있었다. 그래서 자세히 정보를 찾고, 그 분야에 대해 잘 아는 분들께 자문을 구하기도 했다. 교육청의 경우에는 최소 5년 이상 장학사를 한 후에 교감 승진자가 될 수 있기에 관리자로서의 길도 생각해 볼 수 있다.

교육청뿐만 아니라 교육부 전문직도 생각했다. 교육부는 전국 단위로 모집하지만 만일 합격하면 7년간 근무하고 바로 교장 자격을 받게 되어 해외에서 파견 교장으로 근무하다가 어느 정도 나이가 되면 다시 한국에 돌아와서 교장으로 퇴직까지 일을 하게 된다. 하지만 교육부 직원 90퍼센트는 5급 행정고시 합격한 행정직 공무원이고, 10퍼센트 이내만 장학사나 연구사로 근무하기에 업무 강도가 세서 중도 포기하는 사람도 많다.

나는 교육청 혹은 교육부 관리자의 가능성이 얼마나 될까 가늠해봤다. 그런데 여러 측면에서 불리함이 있었다. 아직 보직교사(부장 교사) 경력이 없어서 일단 자격 미달이었다. 표창 점수는 충분히되지만 자격이 미달되니 일단 동기부여가 되지 않았다. 물론 나중에 보직교사가 될 확률은 있으니 아직 기회가 정말 사라진 건 아니지만, 아무튼 나는 그 길을 가지 않기로 결심했다. 꼭 전문직이나관리직이 아니더라도 충분히 학교에서 학생들과 30년 넘게 교사로서 근무하며 행복을 찾을 수 있을 거라는 생각이 들었기 때문이다.

가능성이 얼마나 있을지는 모르겠지만, 오히려 교사가 아닌 전업 작가로서의 삶을 택할 수도 있겠다는 생각이 든다.

교사로서는 학교 안에서, 그것도 매우 제한적으로 교육에 영향을 끼칠 수 있기에 가끔씩은 아쉬움이 남을 때가 있다. 만일 교사가 아니라면, 더욱 다양한 활동과 경험을 통해 세상에 교육적인 측면에서 내가 기여할 수 있는 일이 더 많지 않을까 생각하게 되었다.나 혼자만의 노력으로는 아이들을 바꾸기가 어렵다는 걸 절실하게느끼고 있기 때문이다.

우리 아이들이 바뀌려면 가정에서는 부모가, 학교에서는 선생님이, 사회에서는 교육정책이나 시스템 등 아이들에게 영향을 줄수 있는 사람들이 다 같이 노력해야 효과가 있을 거라는 결론을 내렸다. 나는 그래서 학생 교육도 좋지만, 부모 교육, 교사나 강사 교육 등으로 확장하여 꿈을 펼치고 싶다.

물론 학교에서 아이들과 수업하고 소통할 때 가장 보람을 느낀다는 사실은 변함없다. 하지만 나는 문제를 인식했으니 분명 노력할 것이다. 교사로서 한계에 부딪힌다면 결단을 내릴 수도 있다는 의미다.

그런데 신규교사라면 좀 신중하게 교사로서 어떻게 살아갈지 고민해 보면 좋겠다. 정말 교사라는 직업은 쉬운 일이 아니기 때문이다.

몇 년간 고생해서 임용 고사에 합격했는데, 1년 만에 학교를 그만둔 선생님을 본 적이 있다. 그렇게 고생해서 합격했는데 고작 이러려고 교사가 된 건가 회의감이 들었다고 했다. 그 선생님의 행동을 비난하고 싶지는 않다. 왜냐하면 정말 교직에 뜻이 있는 사람이 교사가 되는 게 맞다고 생각해서다. 교사라는 직업은 희생과 봉사가 기본이어야 하기에, 오히려 그 선생님을 위해서나 학생들을 위해서 잘된 일이라 생각한다.

교사를 희망하는 예비 선생님에게는 변해가는 현실을 직시하라고 말하고 싶다. 이제는 교사라는 직업이 철밥통이라 불리던 예전처럼 안정적이지는 않기 때문이다. 퇴직 후 연금도 더 적어질 예정이다. 예전처럼 스승으로 존경받는 시대는 지난 것 같다. 오히려 교권이 추락하고, 학생과 학부모의 민원을 견뎌야만 하는 시대에 살고 있다.

물론 그 와중에도 모든 걸 다 줘도 아깝지 않을 학생도 학부모님도 있다. 그래서 더 힘내면서 살아가고 있다. 물론 나를 힘들게 하는 사람들도 우리가 감싸고 안고 가야 하니 큰 그릇을 가진 사람이 되어 보려고 노력하고 있다.

교사의 길을 가든, 전문직 혹은 관리자의 길을 가든 표면적인 문제일 뿐이다. 명확한 교육 철학과 자신만의 가치관을 가지고 살아간다면 방법은 하나의 수단에 불과하다. 나는 더 많은 사람에게 선한 영향력을 주고 싶다는 마음가짐으로 모든 일에 최선을 다하고 있다. 그래서 학교 안팎으로 다양한 경험을 하려 한다.

하나의 가치를 정하고 그 가치를 이루기 위해서 노력하시는 선생님들께 응원을 보낸다. 부족하지만 나도 제자리에서 최선을 다하며 혹시라도 도움 줄 수 있는 일이 있다면 함께하고자 한다.

모든 선생님, 오늘도 행복하시길. 교사가 행복해야 우리 아이들이 행복할 수 있으니 말이다.

교사로서 살아갈
미래의 내 모습은?

솔직히 말하자면 10년 후, 20년 후의 제 모습이 잘 떠오르지는 않아요. 그래도 하나 확실한 건 그때도 분명 학교에 있을 거라는 것이죠. 친한 친구들이랑 이런 대화를 한 적이 있어요. 그 친구들은 모두 교사인데, 만약 10년 후에 우리가 교사를 그만두면 서로 어떤 직업을 가질 것 같은지 말해주는 것이었죠. 깔깔대며 서로의 이미지에 맞는 다른 직업을 말하는데, 모두 제 차례에는 머뭇거리더라고요. 아무리 생각해도 제게 교사가 아닌 다른 직업은 도무지 떠오르지 않는다고 했어요. 저도 그래요. 교사가 아닌 저의 모습은 상상이 되지 않는답니다. 끝까지 학교에서 아이들의 곁에 있을 것 같아요.

다만 어떤 교사가 될지는 아직 물음표예요. 물론 여러 활동을 하고 있기는 하지요. 수업 혁신으로 교육청 연수도 다니고 있고, 유튜브에 출연도 했고, 문제집을 몇 권 냈고, 번역을 했고, 지금처럼 책을 쓰고 있기도 해요. 하지만 그중 어느 것이 제가 가장 잘하는 것이고, 좋아하는 것인지 아직 답을 내리지는 못했거든요. 그래서 저는 그냥 지금처럼 제게 주어진 기회들을 소중히 여기고, 많은 경험을 해보려고요. 학교 안과 밖을 구분하지 않고 저를 필요로 하는 곳이라면, 제가 할 수 있는 최선으로 저의 역할을 다 해낼 거예요. 그러다 보면 언젠가는 '교사 기나현'에 잘 어울리는 수식어를 찾을 수 있을 거라고 생각해요. 그 여정이 기대돼요!

만일 더 좋아하는 일이 생겨서 교직을 떠나지 않는 이상, 저는 학생들을 위해 살아가는 교사로 남고 싶어요. 아직 성숙하지 않아서 미래를 결정하지 못하고 방황하는 아이들이 조금이라도 힘을 내어 삶의 방향을 잡을 수 있게 도와주고 싶거든요. 입시가 전부인 아이들에게 세상은 더 넓고, 자기의 가치와 가능성은 무한하다는 사실을 알려 주고 싶어요.

그러기 위해서 저도 교사로서 또 작가로서 더 부지런히 열심히 사는 모습을 보일 거예요. 학교에서뿐만 아니라 세상의 많은 학생에게 도움이 되는 사람이 되고 싶다는 말이에요. 물론 지금도 시도하고 있지만, 나 혼자서 모든 아이들을 교육할 수 없기에 함께할 사람들과 생각을 공유하고 싶어요. 집에서는 학부모, 학교 안팎에서 교사와 강사 모두가 힘을 합쳐서 우리 아이들이 올바른 꿈을 꾸고 자랄 수 있도록 교육을 하고 싶답니다.

최소한 제가 생각하는 교육 철학을 책이나 영상 혹은 강연(강의)를 통해서 더 많은 사람에게 전하고 싶어요. 관종이거나 혹은 인기를 더 받고 싶어서 유명해지고 싶은 게 아니라, 더 좋은 영향을 더 많은 사람에게 전하고 싶어서 지금보다 더 영향력 있는 교사 혹은 교육자가 되고 싶습니다. 한 방향을 바라보며 꾸준히, 열심히 하다 보면 조금씩 성장해서 이룰 수 있겠죠?

내가 교사여서 행복한 이유

신영환

매일 아침 6시에 일어나 씻고 준비하고, 40분을 운전해서 학교에 도착하면 7시 10분 정도가 된다. 20분 정도 하루 계획을 세우고 바쁘게 하루를 살아간다. 교사는 수업만 하는 사람이 아니라 업무도 하고, 상담도 하고, 회의도 하고, 민원도 받는 등 정말 다양한 일을 해야 한다. 하지만 결국 수업 시간에 아이들과 만나서 소통하는 시간이 있기에 다른 일들을 기꺼이 할 수 있다.

수업 시간에 지식을 전달하는 것은 기본이지만, 아이들의 인생에 도움을 주기 위해서 다양한 이야기를 한다. 담임 교사라면 따로 상담 시간을 만들어서 깊은 대화를 나누며 서로를 알아가는 시간을 갖기도 한다. 이렇게 1년 동안 지내면서 크게 티는 나지 않지만 조금씩 변해가는 아이들을 보면 입가에 흐뭇한 미소가 번진다.

또한 내가 열심히 수업을 준비하고, 생활 면에서 아이들에게 진심으로 사랑의 마음을 표현하는 만큼 아이들도 그 노력을 알아줄 때 행복하다. 여고에서 근무할 때는 섬세한 감정을 가진 여고생들과 매일 편지를 나누며 소통하는 재미가 있었다. 그런 아이들을 위해 내가 해줄 수 있는 게 무얼까 고민한 끝에, 공부로 도움을 주려고 했다. 돈을 받지 않아도 점심 시간에 함께 열심히 어휘 스터디하고, 금요일 밤마다 무료 특강 영어 수업을 했던 추억이 있다.

그 아이들이 어느새 어른이 되어 이제는 나처럼 교사가 되어 있기도 하고, 사회인으로서 더 크게 성장하여 자기 몫을 야무지게 해내고 있다. 그들의 인생에 짧은 몇 년이었지만 내가 도움이 되었다는 생각에 항상 보람을 느낀다. 졸업생들과 만나서 지난날 추억도 떠올리고 각자 살아가는 이야기를 공유할 때 행복해진다.

특히 삶에 대한 아무런 희망을 느끼지 못하는 아이들이 포기하지 않고 성장해 사회에서 자기 역할을 해낼 때 가장 보람과 행복을 느낀다. 스스로 왕따를 자처하며 자퇴를 선언한 한 아이가 있었다. 그래도 나와는 유대감을 형성하고, 학급 규칙도 따르고, 출결도 지키고, 학교를 졸업할 때까지 버티며 성장하는 모습을 보여줬다. 졸업 후에 가장 먼저 찾아와서 자기를 붙잡아줘서 고마웠다고 인사한 바로 그때, 내가 교사로서 가장 행복한 순간이었다.

열 손가락 깨물어 안 아픈 손가락이 없다는 말이 있지만, 어쩔 수 없이 더 손이 가는 아이에게 관심이 갈 수밖에 없는 것 같다. 알아서 하는 아이는 잘 유지하도록 돕지만, 부족한 아이는 더 신경 써야 하니까. 교사로서의 행복은 다양한 아이들을 만나서 함께 웃고 우는 관계를 만드는 데 있는 게 아닐까 생각한다.

그래서 오늘도 새로운 추억을 만들러 아침 6시에 일어나서 피곤한 몸을 이끌고 학교로 나온다. 몸은 무거워도 마음만은 깃털처럼 가볍기를 바라지만, 가벼운 마음일 때보다는 무거운 마음일 때가 더 많다. 그것도 내 숙명이라 생각한다. 내가 이 자리에 있어야 하는 이유가 그것이라 생각하며 오늘도 또 교사의 삶을 그리고 하루를 보낸다.

내가 교사여서 행복한 이유
기나현

교사로 살아가기란 여간 쉽지만은 않다. 수업도 잘해야 하고, 아이들의 생활지도를 책임지고, 갖은 행정 업무의 담당자이기도 하며, 때로는 민원의 최전선에서 방패막이가 되기도 한다. 아무리 노력해도, 아무리 열심히 해도 그 노력을 알아주는 곳은 많지 않고, 열심히 노력한 결과가 당장 눈에 보이지 않는 경우가 허다하다.

그토록 꿈꾸던 곳이었는데, 수없이 상상해 온 순간이었는데, 교사가 되고는 현실에 치여 그때의 간절한 마음을 쉬이 잊게 된다. 사건 사고가 끊이지 않을 때면 집에 돌아가 언제인지도 모르게 침대에 쓰러져 잠이 들고, 오래 상처로 남은 일들에 길을 걷다가도 왈칵 눈물이 쏟아지기도 하니 말이다.

그런데도 참 신기한 것이 있다. 분명 힘들고 지치는데, 상처받고 눈물 흘리는데, 그런데도 내가 교사라서 정말 행복하다는 점이다. 누군가 직업에 만족하느냐고 묻는다면, 늘 잠시의 망설임도 없이 그렇다고 답한다. 그리고 그 이유는 단 하나, 나의 학생들 때문이다. 나를 제일 힘들게 하고, 고민으로 밤 지새우게 하고, 학교에 있을 때면 동에 번쩍 서에 번쩍 뛰어다니게 만드는 아이들이지만, 결국 내가 행복한 이유도 그 아이들에게 있기 때문이다. 하루가 멀다고 사고 치는 아이들에 몸과 마음이 지쳐도 "선생님, 사랑해요!" 외치며 나의 품으로 파고드는 녀석들을 보면 그 지친 마음이 눈 녹듯이 사라진다.

난생처음 병가를 쓴 날이 있었다. 지독한 감기와 고열로 하루 쉬었는데도 다음 날 컨디션이 돌아오지 않았다. 무거운 몸을 이끌고는 학교에 갔는데 이게 웬걸, 학교에 가니 신기하리만큼 피로가 씻겨 나갔다. 나의 에너지는 아이들의 웃음이라는 사실을 그때 새삼 깨달았다.

교사로 살아가는 삶에서 누군가의 인생에 작은 도움이라도 된다는 행복한 보람을 얻는다. 제자들에게 받은 쪽지와 편지들을 모아둔 상자가 있다. 현생에 지칠 때면 그 상자를 열어 아이들을 추억한다. 내가 스치듯 건넨 말과 행동을 오래 기억하고는 고마움을 담아 꾹꾹 눌러 쓴 한 글자 한 글자에, 앞으로 내가 살아가야 할 그 길이 보인다.

　매일 그렇게 다짐한다. 한 명의 바로 선 어른이 되자고. 세상에 그 누구도 제 편이 아닌 것 같다고 느낄 때면 조건 없는 사랑으로 손을 잡아주는 그런 따뜻한 어른이 되자고. 적어도 나와 함께하는 이 교실에서만큼은 누구보다 존중받고 사랑받는 존재임을 깨달을 수 있게 하자고.

　나는 행복한 교사다. 학생들로부터 행복을 선물 받은 교사다. 그래서 내가 받은 행복만큼 학생들에게 돌려주는 교사가 되려 한다. 물론 쉽지만은 않을 것이다. 그런데도 해낼 수 있을 것만 같다. 그렇게 오늘도 학교로 가는 길을 나선다. 하나하나 굳게 세운 다짐들을 마음에 새기고 또 그렇게 교사로 살아가 본다.

교사로 살아가기 힘든 요즘, 두 교사의 교직생활 생존기

선생님, 오늘은 안녕하신가요?

초판 1쇄 발행 ｜ 2023년 8월 14일

지은이 ｜ 신영환, 기나현
펴낸곳 ｜ 메이드인
등　록 ｜ 2018년 3월 5일 제25100-2018-000014호
전　화 ｜ 070-7633-3727
팩　스 ｜ 0504-242-3727
이메일 ｜ madein97911@naver.com
ISBN ｜ 979-11-90545-33-4 03370